朝日新書
Asahi Shinsho 709

学校ハラスメント

暴力・セクハラ・部活動―なぜ教育は「行き過ぎる」か

内田　良

朝日新聞出版

はじめに　加害者／被害者を解体する

教えることにハマる

教育というのは、恐ろしい。教える側の者を、虜《とりこ》にする。

私は大学教員で、長い年月にわたって、教鞭を執っている。かつて私がまだ大学院生だった頃、先輩の大学教員が、自戒を込めてこう教えてくれた――「大学教員になると、気持ちいいよ～。学校に行っても、教育委員会に行っても、『先生、先生』って呼ばれるし、自分が語るとみんなウンウンと頷《うなず》いてくれるからね」と。

なるほど、大学院生の頃に比べると、ずいぶんと私自身、偉くなったものだ。

大学院生のときは、どこに行ってもつねに勉強する立場、教えてもらう立場にいた。ところが、大学教員という職業に就いたとたんに、私は急に人びとに自分の考えを教える立場に「昇格」した。

何らかの機会に、学校の授業を観察したり、教員研修でのグループ討論に顔を出したりすると、「ご高評を」と意見を求められる。いや、私はそのテーマについては、まったく素人同然なのだけれども……。

しかし、無茶《むちゃ》ぶりとはわかっていても、立場上やむなく「ご高評」を話しているうちに、だんだんと調子に乗っていくことがある。誰も止めることもないし、話の内容を批判してくることもない。私の独壇場だ。

テレビのバラエティ番組で私がいままでにもっともハマったのは、内村光良さんによる「内村プロデュース」(テレビ朝日、2000〜2005)。深夜の番組で、内村さんが芸人相手にさまざまな企画を立てて、芸人さんがそれに「おもしろおかしく」対応していく番組だ。

その企画のなかに、「人気教師をプロデュース」という放送回があった。芸人さんが一人ひとり学校の教師に扮して、生徒(に扮した役者さん)相手に教壇でボケ混じりの授業をおこなうという内容だった。

そこで芸人さんたちの口から出てきた言葉は、「しゃべりとしては、チョークをもつと、乗りますよ」「すっごい気持ちいい、全部書きたくなる」「あそこに行くとね、（外野の声が）何にも聞こえてこなくなる。びっくりしちゃった」である。ついには、「内村さん、あの気分、ぜひ味わってください」と内村さん自身も教壇に立つことになるという流れだ。

ハラスメントは教育の日常に埋め込まれている

芸人さんの話はおもしろいかもしれないが、大学教員の話は私の経験上、基本的におもしろくない。

教育者（教える側）は、その教える内容の魅力にかかわらず、学習者（教えられる側）の前に立ちはだかる。だから、教える内容が学習者にとってはつまらないものであっても、学習者はそれを形式的には受け入れなければならない。

しかも、大学にいる限り、学部への入学者は基本的には教育者である自分よりも若い世代ばかりである。私は大学に採用されてから今日に至るまで、つねに年下の若者を相手に仕事をしてきた。年を追うごとに、その年齢差は大きくなる。私はますますふんぞり返るばかりだ。

授業より先は、とりわけ用心しなければならない。教師という立場を利用してつまらない話を押しつけるその延長上に、学習者の学校生活や人生を脅かすようなおこないが起こりうる。「教育の一環」「指導の一環」という大義名分のもとで、それがまかりとおってしまう。

教育とはその営為の形式からして、ハラスメントとしての性格を内包している。しかも教育者の側は快楽のあまり、その問題性にまったく気づかないことさえある。これは、大学教員のみならず、小学校・中学校・高校を含む多くの「先生」に当てはまることである。ハラスメントの根は、日頃の教育活動のなかに埋め込まれている。本書において私がまず注目したいのは、学校を舞台にして、このような教育的立場にある者から子どもに向けられた理不尽な営み、すなわち嫌がらせ、侮辱、暴力などである。

被害者としての教師

一方本書の特長は、学校教育における従来型のハラスメント、すなわち教師（加害者）から生徒（被害者）へのハラスメントを超えて、議論を展開するところにある【図表1】。

振り返ってみると、これまでの学校問題あるいは教育問題というのは、教師バッシングの歴史であった。子どもがいじめを受ければ、「先生が悪い」。教師が生徒から暴力を受け

図表1　学校ハラスメントにおけるさまざまな加害/被害関係

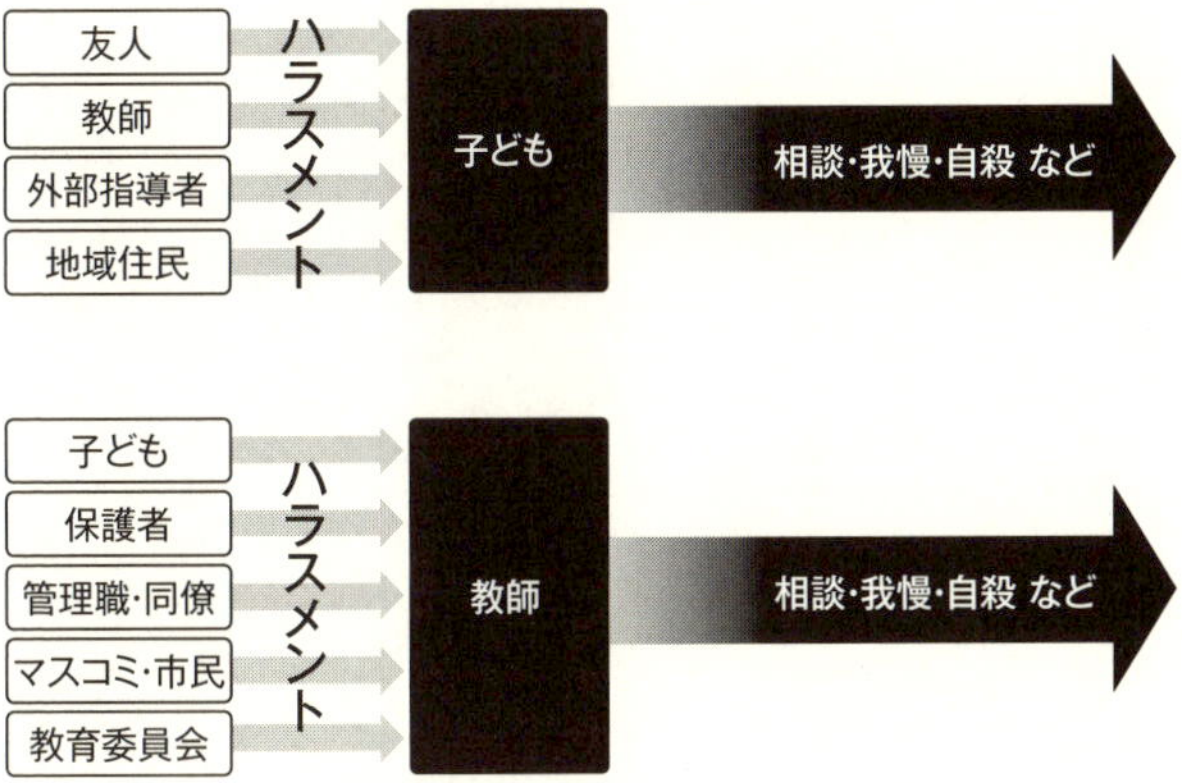

たときでさえ、「指導力がない」。具体的な検証を経る前から、人びとは教師に対して厳しい目線を向けている。教師バッシングの答えが、最初から用意されているのだ。

世の中は、教師を罵倒する言葉であふれかえっている。

このとき教師は総じて、学校外の保護者や住民からの過剰な非難や嫌がらせを受けているとみることもできる。教師はたしかに各種事案において加害者になりうるのだけれども、他方で被害者の立場にも転じうる。

とある現役の先生が、「毎日12時間いろんな業務に追われていて、子どものSOSを見逃しているのではないかと不安になることがある」と語っていた。授業の空き時間に、膨大な業務に追われるなかで、その日の夕刻までに40冊のノートを一冊ずつチェックしてコメントを付す。はたしてそのような環境下で、個々の生徒に対してどこまで十分な対応が可能だろうか。あらかじめ用意された教師バッシングに走るのではなく、学校のリアルを丁寧に見ていく必要がある。

また、何かにつけて安直な教師批判が起きる今日、教師は「うちのクラスでいじめが起きた」ことを、口に出して他者に相談することに抵抗を感じることさえある。そんななか、重大事案が起きてしまう。非難こそが、非難されるべき事態を結果的に生じさせるのだ。

さらにいえば、そもそも学校の外に目を向けるまでもなく、学校内においても教師はハラスメントの被害者となる。上司から同僚から、また子どもから、言葉の暴力や物理的な暴力を受けている。ところがそれは、まったくといっていいほど、表には出てこない。

教師はときに、ハラスメントの被害者にもなる。従来型の教師バッシングを先行させるばかりではなく、教師の声に耳を傾けたり、また教師が置かれた状況を俯瞰《ふかん》したりすることが大切だ。「加害者は誰か？」——本書にはそうした意味を込めている。

ハラスメントを直視する

私が本書をとおして伝えたいのは、ハラスメントそのものに向き合うことの重要性である。最初から加害者あるいは被害者を決めてかかるのではなく、まずはハラスメントを直視する。学校にはさまざまな主体がかかわっている。暴力・暴言の加害者がそのなかの誰であっても、ハラスメントそのものを問題視していく。

生徒への暴力・暴言がゆるされるような空間で、教師への暴力・暴言の防止を訴えるほどむなしいことはない。逆もまた同じ。教師への暴力・暴言がゆるされるような空間で、生徒への暴力・暴言の防止を訴えるだけでは不十分なのだ。

ある特定の暴力・暴言を容認し、それとは別の暴力・暴言は非難する。これでは結局、学校という閉ざされた空間に、暴力・暴言の根を残すことになる。

学校の風通しをよくする。誰にとっても過ごしやすい学校空間をつくりだすことこそが、一つひとつのハラスメントを抑制していく最善の方法であると、私は考えている。

このような問題意識から、本書では学校内のハラスメントに幅広く目配りしていきたい。

まず、第1章「殴っても『教育』——暴力を容認する指導の論理」では、教師から子どもへの身体的な暴行、いわゆる「体罰」について、ここ数年の間に話題になった複数の事案を例にとりながら、暴行が教育という名のもとに「消える化」していくことを指摘する。

第2章「巨大組み体操の教育的意義――『痛い』を禁句とする学校の暴走」では、運動会の組み体操において、子どもの安全を侵害しかねない高層の組み方が普及していった背景に迫る。

第3章「スクール・セクハラの過去と現在――『教育』との連続性がありえた時代」では、今日でこそ教師から子どもへの性的な関与は「ありえない」ものと理解されているが、それとは異なる見方がかつてありえたことから、ハラスメントに関する論点を浮かび上がらせる。

第4章「部活動顧問の嘆き――『やって当たり前』の悲劇」では、「やって当たり前」の学校文化が、部活動のあり方に関する検討を阻害していることについて、教師の部活動負担の問題を中心に、論じていく。

第5章「教師の暴力被害――殴られるのは指導力不足のせい⁉」では、生徒から教師への暴力をとりあげ、教育の論理が教師の暴力被害を「消える化」させていることを描き出す。また、同僚の間でのハラスメントについても言及する。

第6章「『問題行動』を読解するためのリテラシー――いじめの件数は少ないほうがよい⁉」では、いじめや暴力行為など学校内のさまざまなハラスメントの統計データを慎重に読み解いていくトレーニングをおこなう。

なお本書では、さまざまなハラスメント事案に言及する。報道で公になった事案以外の、個別具体的な事案については、個人の特定を避けるために情報の一部を編集している。

以上が、各章のとりあえずの主旨である。

ただ、各章の内容はそう単純化できない。じっくりと考えてもらえるような内容に、仕上げたつもりである。そもそも、私自身が考え悩みながら執筆したのだから、よい意味でそれが読者の皆さんにも伝わるのではないかと願っている。

学校ハラスメント

暴力・セクハラ・部活動——なぜ教育は「行き過ぎる」か

目次

図表作成　朝日新聞メディアプロダクション

第1章

殴っても「教育」

——暴力を容認する指導の論理

1. 道徳教育のタブー

教育＝望ましい働きかけ？

「教育」という言葉を『広辞苑』（第七版）で引いてみると、「望ましい知識・技能・規範などの学習を促進する意図的な働きかけの諸活動」とある。「教育」とは意図的な働きかけであり、それは何らかの望ましさを具現化するための営みである。

そして、学校管理下の活動は、基本的にすべて教育である。授業はもちろんのこと、遠足や運動会も、給食や掃除も、そして廊下ですれ違ったときの挨拶までも、何らかの教育的効果が期待されている。

遠足なんて、私には楽しかった記憶しかない。みんなでバスに乗って遠くに出かけて、ご飯やお菓子を食べて帰ってくる。

だが遠足は、立派な教育活動である。文部科学省が定めた小学校の学習指導要領では、遠足は、「特別活動」における「学校行事」のなかの「遠足・集団宿泊的行事」に位置づけられている。

「遠足・集団宿泊的行事」とは、「自然の中での集団宿泊活動などの平素と異なる生活環境にあって、見聞を広め、自然や文化などに親しむとともに、よりよい人間関係を築くなどの集団生活の在り方や公衆道徳などについての体験を積むことができるようにすること」（2017年3月公示の「小学校学習指導要領」第6章）である。つまり、遠足や修学旅行では、私の記憶に何が残っているかはともかくも、普段は経験することのない自然や文化、人間関係に触れることが、目的として据えられている。

私個人は自覚的ではなかったが、遠足も修学旅行も、学習指導要領に則《のっと》って学校の先生たちがしっかりと設計してくれた教育活動として、運営されている。学校における活動は、子ども本人にとっては仮にそれがただの楽しい時間にすぎなかったとしても、本人が気づかないところで教師が意図的に用意してくれた意義ある時間ということになる。

子どもには「教育を受けている」という自覚がないとしても、遠足が「教育の一環」と呼ばれるのは、現実的な次元でとくに問題はないだろう。

だが、長時間の叱責をはじめ、とある人物の発言や行動が、相手の心身や尊厳を深く傷つけた場合でさえ、それが学校管理下で起きた出来事だからということで「教育の一環」と呼ばれることがある。これは、看過できない。

ハラスメントの「消える化」

本書で取り扱う「学校ハラスメント」は、学校管理下で生じるハラスメントの総称である。他の「○○ハラスメント」と比べたときに、「学校ハラスメント」は、次の三つの点において特徴づけられる。

第一が、字義どおりに、学校管理下を前提としている点である。学校ハラスメントは、学校という場、あるいは学校における人間関係に関連づけられる。

第二が、教師から子どもに対するハラスメント以外にも、子どもや保護者から教師に対する暴言、教師間の嫌がらせ、さらには他の学校関係者（例：部活動の外部指導者）から子どもに対する恫喝《どうかつ》などを包括している点である。教師から子どもへのハラスメントという典型的な事象にくわえて、これまであまり語られてこなかったハラスメントにも注目する。

そして第三の特徴は、つねに「教育」という要素が絡んでくる点である。

この第三の特徴は、まさに教育が望ましい活動であるという前提があるからこそのものである。教師が子どもを呼びつけて、長時間にわたって叱りつけたとする。これを「ハラスメント」と主張したくても、学校管理下のあらゆる営みが「教育」であるために、この長時間の叱責もまた「教育の一環」「指導の一環」と言い換えられてしまう。「ハラスメント」という判断を下すことが、難しくなってしまうのだ。

ところで、教育活動中の事故（負傷や疾病等）やハラスメントといった、学校管理下の活動に付随する諸問題を、私は「学校リスク」と呼んでいる。

子どもが廊下を走ること、手袋なしで便器を掃除すること、土日も部活動に参加することなど、さまざまな場面や活動にどのようなリスクがありうるのか。教育的意義の語りをいったん止めて、その活動のリスクを洗い出す。

リスク研究の分野では、「リスク」を検証する際にはその対になる言葉として「ベネフィット」（便益）が措定《そてい》されている。

たとえば、暴風雨のなかでコンビニに行こうとすれば、欲しいものが手に入るかもしれないが、途中で転倒したり身体がびしょ濡れになったりする危険性がある。手に入れたいというベネフィットを重視する（＝コンビニに行く）か、びしょ濡れになってしまうというリスクを重視する（＝コンビニには行かない）か。

私たちはつねに、リスクとベネフィットを天秤にかけながら生活を送っている。このリスクとベネフィットの両面をつねに考慮することが、リスク研究の基本的な着眼点である。

そして教育という営みは、リスクとベネフィットのうち、ベネフィットに着目する活動である。先述したとおり、教育というのは望ましい働きかけだからである。

ベネフィットが重視される状況下では、リスクが軽視されやすくなる。そういう状況だからこそ、ベネフィットではなく、あえてリスクの側面を強調することに意味がある。「教育」は望ましさを具現化する営みである。それゆえハラスメントの存在が過小評価され、ときにそれは何事もなかったかのように「消える化」していく。本書の狙いは、その「消える化」に歯止めをかけて、ハラスメントを「見える化」していくところにある。

望ましさの象徴としての「道徳」

教育が、何らかの「望ましさ」を具現化する営みだとするならば、その担い手である教師の振る舞いもまた「望ましさ」を具現化することが期待される。教師の言動は基本的に正しいものであり、子どもの立場やその成長をつねに考慮したものとみなされる。

教育という営みにおいて、教師は正しい振る舞いをすると想定される。いわば、性善説の見解である。その振る舞いに疑義が挟まれる余地はない。

そうした想定が如実にあらわれるのが、「道徳」の授業である。

道徳の授業では後述するように、いじめを含めて、子どものトラブル（子どもが被害者や加害者になる）が扱われることはあっても、教師が子どもに対してやってはならない振る舞いが扱われることはない。つまり、教師が子どもを長時間にわたって叱責したり、教師が子どもに身体的な暴力（いわゆる「体罰」）をくわえたりする場面は描写されない。

道徳は、2015年3月に小学校と中学校の学習指導要領一部改訂により、「特別の教科」へと格上げされたばかりである（小学校では2018年度、中学校では2019年度から完全実施）。改訂前まで、道徳は「教科外活動」に位置づけられていた。それが国語や算数（数学）などの「教科」に近い「特別の教科」として、その重要性が増したのである。

従来の教科外活動としての道徳には、「教科書」がなかった。かつて道徳の授業に教科書があったように記憶している人もいるかもしれない。だがそれは、厳密には「副読本」と呼ばれるもので、国の検定を通過した正確な意味での「教科書」ではない。

「特別の教科」としての道徳では、教科書が作成されるだけではなく、評価もおこなわれる。数値による評価ではないものの、記述式によって授業内容の理解度が評価される。

授業者は、従来どおり学級担任である。とくに道徳専門の教師の枠が新たに創設されるわけではない。多くの教師が、自分のクラスの子どもを前にして、格上げされた道徳の内容を教えることになる。

道徳の授業における「いじめ」と「体罰」

学習指導要領によると、「特別の教科」である「道徳」とは、「人間としての生き方を考え、主体的な判断の下に行動し、自立した人間として他者と共によりよく生きるための基盤となる道徳性を養うことを目標とする」ものである（「中学校学習指導要領」第1章総則）。「道徳性を養う」という点で、道徳教育は人と人との関わりのなかにおける価値観や考え方が、授業の直接的な題材となる。それは具体的に中学校の学習指導要領では、「自主、自律、自由と責任」「思いやり、感謝」「遵法精神、公徳心」「生命の尊さ」など計22項目に分類される。

子ども間のトラブルである「いじめ」がどれくらい扱われうるかを調べてみると、「中学校学習指導要領解説　特別の教科　道徳編」では、計22項目のうち四つの項目に、「いじめ」との関連性が示されている。

たとえば「生命の尊さ」においては、「中学生の時期は、比較的健康に毎日を過ごせる場合が多いため、自己の生命に対する有り難みを感じている生徒は決して多いとは言えない。身近な人の死に接したり、人間の生命の有限さやかけがえのなさに心を揺り動かされたりする経験をもつことも少なくなっている。このことが、生命軽視の軽はずみな言動につながり、いじめなどの社会的な問題となることもある」というように、生命の尊さを伝えることで、「生命軽視の軽はずみな言動」を抑制し、いじめを防止しようという狙いにつなげられる。

いじめを含め、「生命軽視の軽はずみな言動」とは、ハラスメントそのものである。その意味では、この数年、いじめと並んで関心を集めている「体罰」もまた「生命軽視の軽はずみな言動」といってよい。

「生命軽視」とは極端な表現かもしれないが、そうはいっても、教師からの恫喝や暴力の結果、自死を選ぶ子どももいる。あるいは、暴力をともなう過酷なスポーツ指導のなかで子どもが亡くなるケースもある。

しかしながら、道徳の学習指導要領やその解説には、教師による暴力事案は一切登場しない。もちろん、「体罰」という言葉も見当たらない。

実際に大学で、私は20人ほど受講者がいる授業において、とくに前触れなく、「小学校から高校までで、いじめについて考える授業や活動はありましたか?」とたずねたところ、

7割くらいの学生が手を挙げた。次に「体罰について考える授業や活動は？」とたずねたところ、手を挙げたのはゼロ人であった。

道徳の授業では、子どもどうしの「いじめ」は取り扱われても、教師から子どもへの「体罰」にはまったく言及がない。

それどころか、「教師や学校の人々を敬愛し、学級や学校の一員としての自覚をもち、協力し合ってよりよい校風をつくるとともに、様々な集団の意義や集団の中での自分の役割と責任を自覚して集団生活の充実に努めること」（「中学校学習指導要領解説　特別の教科道徳編」）とある。

道徳の世界では、教師という存在は、批判の対象にはならない。教師は子どもから敬愛される対象として、子どもに提示されるのだ。

養育者からの「虐待」と教師からの「体罰」

道徳という授業である以上は、建前として大人はつねに敬われる立場であり、ハラスメントの加害者として扱われるべきではないかもしれない。

だが考えてみると、「いじめ」と「体罰」の扱いに関する相異は、道徳教育に限らず、学校教育全般に当てはまるのではないだろうか。

子ども間のいじめ問題において、そもそも学校では、「いじめは、いけません」「いじめで苦しいときには、電話相談がある」というかたちで、子ども自身に対してつねに注意喚起や啓発がなされている。けれども、教師から子どもへのハラスメントについては、ごく一部の学校や自治体を除けば、学校のなかでそれを注意喚起するような動きはほとんど起きていない。

さらに補足するならば、大人から子どもへのハラスメントという点でみると、児童虐待防止の啓発資料が子どもに配付されることは、わりとおこなわれている。虐待の具体的な内容、虐待が人権侵害であること、実際に虐待を受けた場合の相談機関など、子どもが理解できるような内容が、資料に掲載されている。

養育者による「児童虐待」をそのまま、教師による「体罰」に置き換えれば、啓発資料そのものはすぐに作成できる。だが、そう簡単に事は運ばない。

いじめや児童虐待の場合、少なくとも教師は、直接の加害者ではない。だから、その防止については、教育内容として扱うことができる。だが、体罰は教師が直接の加害者であり、これは相手が小学生だろうと中高生だろうと、学校教育としては都合が悪い。

ところで私が属する大学の世界についていうと、大学構内には、「セクシュアル・ハラスメント」「パワー・ハラスメント」「アカデミック・ハラスメント」「アルコール・ハラスメント」など、ハラスメント防止の啓発ポスターやパンフレットを頻繁に見かける。学生は、それらのハラスメントがあったときに、「NO!」と言ってよいことを学ぶ。

また、私たち大学教員から学生に対して、それらハラスメントの具体的な内容や、学生が被害を受けた場合にどこに相談すべきなのかについてガイダンスをすることもある。各種ハラスメントが、授業の具体的な題材になることさえある。

もちろん、だからといって「大学ではハラスメントが一切ない」と主張したいのではない。重要なことは、教育者が学習者に対する立場上の優位性ゆえに、そこでふんぞり返ってしまってはならないということであり、それがつねに当該組織の構成員に注意喚起されているということである。

大学の様子とは対照的に、小中高では教師から子どもへのハラスメントが「消える化」する。教育上の題材として、タブー扱いされている。

教師は正しくて、敬うべき存在である。教師が提供する教育は、当然のごとく「望ましい」ものである。こうした強固な前提のもとに成り立つ学校教育において、ハラスメントはきわめて見えにくい。

不審者対策はしっかりしているけれども…

学校管理下で発生しうる大人から子どもへの暴力という点から見ると、教師からの暴力は学校内でまったく語られない一方で、外部の不審者からの暴力はむしろ積極的に語られる。

通学路で子どもが見知らぬ大人から声をかけられ、その情報が学校に伝わると、学校や教育委員会から不審者情報が配信される。たとえば、「○月○日○時頃、帰宅途中の女子児童が、黒い自転車に乗った男に『どこかに遊びに行こう』と声をかけられました」「○月○日○時頃、下校中の男子児童が黒い車に乗った男に『○○小学校まで案内してほしい。車に乗って、教えてくれる？』と誘われる事案が発生しました」といった情報が、ウェブサイトやメールにより発信される。

今日の学校では、不審者を想定した防犯訓練も盛んにおこなわれている。火事や地震の場合の避難訓練と同じように、不審者が学校に侵入してきたり、子どもに声をかけてきたりした場合の対処法を学ぶ。

この防犯訓練が実施されるようになった最大のきっかけは、2001年6月に大阪教育大学附属池田小学校で発生した、児童殺傷事件である。外部からの侵入者が包丁で次々と子どもを襲撃し、1年生と2年生計8名の尊い命を奪った（犯人は2004年に死刑が執行された）。

これまで学校は、不審者に対してあまりに無防備であった。それゆえ、学校史上もっとも残酷な事件と言うべきこの事案を受けて、全国の学校で防犯訓練を含む不審者対策が一気に進められた。

附属池田小学校は、それを主導する役割をはたした。事件後に総工費約20億円をかけて改修された校舎は、壁面がガラス張りの体育館をはじめとして、視認性の高い（死角の少ない）空間へと様変わりした。校舎内には非常用押しボタンが314箇所、警報ブザーが105箇所設置されているという（共同設計株式会社ウェブサイト〔http://www.kyodo-sekkei.com/index.html〕より）。

ここで改めて考えたいのは、防犯訓練の実施や、非常用押しボタン等の設置は、不審者対策を目的としているということである。学校生活のなかで、教師が生徒に暴力を振るう可能性も大いにあるものの、そこにはそもそも関心が向いていない。

※文部科学省「学校への不審者侵入時の危機管理マニュアル」
（2002年作成）に描かれた不審者像

文部科学省作成の不審者対策マニュアルを見てみると、そこに描かれた不審者は明らかに怪しげである。不審者とはいえ、さすがにこれほどまでにわかりやすい身なりはしていないと推察されるが、いずれにしても容易に、不審者＝悪というイメージが私たちに植え付けられる。

他方で、教師は神聖なる存在とおそらく想定されているのであり、それゆえ教師からの暴力が批判的検討の俎上《そじょう》に載ることはない。

警報ブザーが押されることはない

さて、ここで一時的に、話題を巨大組み体操に移したい（巨大組み体操の問題点は、第2章で詳述する）。

私が調べた限りでは、巨大組み体操は、とりわけ関西圏と九州圏で流行《はや》ったように見える。

関西圏についていうと、巨大組み体操の普及に力を注いだのが、「関西体育授業研究会」である。同研究会は体育科教諭の授業力向上を目的として、2009年に設立された。年1回開催されていた組み体操の研修会は好評で、2010年度の第1回の研修会では160人の教員が参加し、翌2011年度には400人、2012年度には600人と、参加者数は拡大の一途をたどっていた。

組み体操の研修会を広報するためのチラシには、小学生が組み立てた7段ピラミッドと5段タワーの写真が使われていた。私が計算したところでは、7段ピラミッドでは、土台の最大負荷は2・4人分（小学6年男子で92kg）になり、5段タワーの高さは4mに達する。それら巨大な人間建造物をつくりあげるべく、研修会ではその指導方法が伝授された。

なぜこのような話をしたかというと、巨大組み体操の普及拠点となったこの「関西体育授業研究会」の事務局がどこにあったのかということである。

関西体育授業研究会の事務局は、じつは大阪教育大学附属池田小学校に置かれている。日本を代表する学校安全のモデル校であり、2010年にはWHOより日本初の「国際安全学校」の認証を得たはずのあの附属池田小学校が、巨大組み体操の普及拠点であったのだ。

巨大組み体操を練習している最中や、あるいは運動会でそれが披露されたときに、非常用押しボタンや警報ブザーを押す者は、きっと一人もいなかったのだろう。安全にもっとも敏感な学校を拠点として、巨大組み体操が拡散していった。教師のおこないは正しいという前提が、そこにある。まさに、教育というベネフィットがリスクを不可視化させている。

2. スポーツ指導における暴力

殴っても「教育」

教師から子どもへの「体罰」（身体的な暴力）は、教育界やスポーツ界では古くから問題視されているハラスメントの一つである。

学校教育法第十一条に、教師は「児童、生徒及び学生に懲戒を加えることができる。ただし、体罰を加えることはできない」と記されている。体罰は、法令において明確に禁止されている。

教師は、子どもに対して身体的な暴行をくわえてはならないことを、よく知っている。

一方で、今日においても教師が子どもに平手打ちしたり蹴りを入れたりしたという事案が、後を絶たない。

スマートフォンの普及や通信手段の発達により、ここ数年は暴行の動画を目にする機会も増えた。とくに、スポーツ指導中における監督やコーチ（教師とは限らない）から部員・選手に対する暴行の動画が、ときおりネット上で拡散されている。体操女子の宮川紗江選手に対する速見佑斗コーチの平手打ちの動画（2018年9月に拡散された）は、衝撃をもって受け止めた人も多いことだろう。

そこで、とくにスポーツ指導時の身体的な暴行に焦点を絞って、今日の教育活動におけるその問題点を指摘したい。

ただしその前に、言及しておきたいことがある。それは、生徒の身体に対する侵害を、指導者限定の問題としてのみ捉えてはならないということである。

「体罰」の事案がひとたび表沙汰になると、一斉に指導者に対する非難がわき起こる。もちろん非難されてしかるべきなのだが、では非難している第三者がはたして身体的侵害から無縁なのかというと、私にはどうもそうは思えないからである。

そこで、「体罰」問題の検討に入る前にまず、指導者を含む大人全体が、スポーツ活動時の生徒の身体を侵害しうるというところから出発したい。具体的には、高校野球の甲子園大会を例にとって考えていきたい。

夏の甲子園　暑いからこそ感動する!?

毎年夏になると、学校の部活動の祭典が開催される。

なかでも全国高等学校野球選手権大会、いわゆる「夏の甲子園」は、注目度が高い。2018年の夏には、全国で記録的な猛暑がつづくなか、第100回の大会が開催された。

夏の甲子園大会は、日本のアマチュアスポーツ最大のイベントである。都道府県を代表する高校球児が、「深紅の大優勝旗」を目指して闘いを繰り広げる。

その姿を見て、毎年のように話題になるのが、甲子園球場の「暑さ」である。「そこまで暑いなかでやらなくても……」と心配する声も多く聞かれる。

しかし高校野球においては、「青い空、白い雲。照りつける夏の日差し。日本の夏は甲子園が似合う」と言われるほどに、「『暑い夏』と『甲子園』は欠かせぬ〝舞台装置〟である」（「産経WEST」2013年8月15日）。「暑い夏」に、選手が必死にプレイする姿に、私たち観客や視聴者は、甲子園固有の魅力を感じる。

熱中症に気をつけねばならないほどに暑いからこそ、甲子園は盛り上がる。高校野球を、空調の利いたドーム型球場で開催するなど、ありえないというわけだ。

暑さが高校野球を盛り上げる重要な装置だとしても、それはつねに熱中症という負の側面と紙一重である。暑さは、甲子園大会を引き立たせる魅力であると同時に、選手においては健康面での重大なリスクファクターでもある。

現時点では、球場としてもまたチームとしても諸々《もろもろ》の熱中症対策がなされているものの、「なぜあの炎天下でスポーツをしなければならないのか」という根本的な訴えは、ほとんど放置されている。

高校球児の姿から、私たちは毎年たくさんの感動と興奮をもらっている。でも、少しばかり彼らの頑張りに頼りすぎてはいないだろうか。彼らの身体的な負荷に寄りかかって、感動と興奮をもらいすぎてはいないだろうか。

暑さの問題を考えるとき、もう一つ目を向けるべきところがある。アルプススタンドだ。高校野球では、私たちはつい、選手の活躍ばかりに見入ってしまう。だが、もしかして選手以上にしんどい思いをしているかもしれないのが、アルプススタンドの高校生たちである。

あまり知られていないことだが、じつは甲子園のベンチには、エアコンが備え付けられている。ベンチの背面の壁とイスの間から冷風が出てくるという。したがって、選手はベンチにいるときは、日陰のもと比較的涼しい環境にいる。

他方で、アルプススタンドにいる応援団はどうだろう。とくに、私が「文化系運動部」と呼んでいる吹奏楽部は、チームの攻撃中、そこで吹奏、いや運動をつづけなければならない。相手チームの攻撃時は、いちおう休みをとることができるが、そうはいっても、選手がいるベンチとはちがって、日陰もなければエアコンもない。

数ある部活動のなかで野球部の大会には、吹奏楽部が同行して応援をしてくれる。そして、ともするとグラウンドよりも過酷な環境下で、応援をつづけてくれる。野球部にとって吹奏楽部というのは、ある意味とてもありがたい存在ともいえるのだが、その割には吹奏楽部の苦労に対する世間の関心は薄い。

不特定多数の大人による集団ハラスメント

WBGT（熱中症予防を目的とした暑さ指数）の計測値を時間単位でみてみると、12時から15時までにその日の最高値が記録されることが多い。まずは12時から15時を避けて試合をおこなうこと、言い換えると、その代わりに夜間を利用することが可能かどうか、検討すべきである。プロ野球では、甲子園球場でナイターの試合が設定されていることを考えれば、夜間の試合に現実味がないわけではない。

なお、夏季に開催される世界大会では、とくにマラソンのような体力の消耗が激しい競技種目の場合、暑い時間帯を避けておこなわれることがしばしばある。２００７年８〜９月に大阪で開催された世界陸上では、マラソンは朝の７時にスタートした。翌２００８年８月の北京オリンピックでは朝７時30分のスタートであった。

２０１９年９月から10月にかけてカタールのドーハで開催される予定の世界陸上では、マラソンは真夜中の０時にスタート、他の競技も基本的には夕方以降にとりおこなわれることになっている。暑さを懸念してのことである。

そして、高校球児の身体を蝕《むしば》むのは、暑さだけではない。投手の連投や過剰な投球数も、甲子園につきものの問題である。

２０１８年に夏の甲子園を大いに盛り上げた秋田県立金足農業高校の吉田輝星投手は、決勝の大阪桐蔭戦で６回裏にマウンドを降りるまでの１３２球も含め、夏の甲子園大会で６試合に登板して計８８１球を投げた。かの斎藤佑樹投手も夏の甲子園で９４８球、松坂大輔投手も７６７球を投げている。

投球数だけを聞けば、選手生命を潰しかねない異常な数なのだが、それも甲子園の舞台装置に乗ってしまうと別の物語へと変容しうる。暑さのなか、連日の投球、延長戦に入っても一人で投げ抜く姿に、私たちは心を奪われ、もはや負けても勝っても、投手とともに涙することになる。

投手の身体に重大なリスクが生じていても、感動や興奮がそのリスクを過小評価させる。熱中症を心配するよりも、暑さのなかで闘う姿に感動してしまう、あの感覚と同じである。私たち大人は、子どもに身体を壊しかねないような環境下でスポーツをさせて、しかもそれを観ながら、一喜一憂している。生徒の身体の安全を脅かしているのは、けっして指導者だけではない。これはもはや、不特定多数の大人たちによる集団ハラスメントのようにも見える。

横綱日馬富士による暴行事件

次に、より直接的な身体への侵害にあたる暴行について考えたい。

2017年10月のこと、大相撲の横綱日馬富士（同年11月に引退）が、食事会の場において幕内（当時）の力士である貴ノ岩に対して、素手で十数回、カラオケのリモコンで複数回殴打（ビール瓶による殴打は誤報）するという事案が起きた。翌月にこれが公になり、以降数カ月にわたって、この話題はマスコミを賑《にぎ》わせた。

街角で、見ず知らずの歩行者を殴れば、刑事責任が問われる。相撲界ではないものの、記憶に新しいところでいうと、2017年7月に起きた、プロ野球の読売巨人軍の山口俊投手の暴行事案では、山口投手は速やかに書類送検された。山口投手は、飲食店で負傷した治療のために病院を訪れた際に、警備員に暴行して腰と胸に軽傷を負わせ、さらには病院のドアを蹴って壊したという。警視庁は、傷害と器物損壊の容疑で、山口投手を書類送検した（「産経新聞」大阪夕刊、2017年8月18日付）。

球団は山口投手に対して、2017年シーズンの出場停止、さらには罰金と減俸（総額1億円超）の処分を科した。日本プロ野球選手会は、球団に抗議するとともに処分の再検討を求めたが、球団は「処分は妥当」とのコメントを発表したという（「サンケイスポーツ」2017年8月29日付）。なお、刑事責任については最終的には不起訴処分（起訴猶予：被疑事実が明白であるが、被疑者の年齢、境遇、犯罪の軽重、犯罪後の状況などにより訴追を必要としない場合の処分）とされ、刑事罰が科されることはなかった。

面識のない相手への暴力という点でいうと、ほとんど報道されなかった事案ではあるものの、大相撲でも三段目の力士が2008年9月にタクシーの車内で運転手に暴行し、運転手の首に軽いけがを負わせた疑いで、書類送検されている（「毎日新聞」東京朝刊、2008年11月27日付）。

街角で人に殴りかかれば、暴行罪や傷害罪に該当する可能性がある。起訴にまでは至らなくとも、書類送検のようなかたちで刑事手続きがとりおこなわれる。これが市民社会のルールである。ところがそれが、一つの組織や集団のなかで起きたときには、その結果は大きく異なってくる。

日馬富士による暴行事案では、日馬富士は貴ノ岩に対して素手で十数回殴るにとどまらず、カラオケのリモコンでも複数回の殴打をくわえた。日本相撲協会の危機管理委員会が2017年12月20日付で発表した調査報告書によると、貴ノ岩への暴行は、説教を挟みながら断続的に数分間程度つづいたとされる。

その場には、他にも白鵬や鶴竜の二横綱をはじめ関係者が複数名同席していたものの、誰も日馬富士の暴行を抑止することはなかった。さらに貴ノ岩もまた、事件直後の段階では、貴乃花親方には「酒を飲んで階段から落ちた」旨を説明したとされる。日馬富士も、自身の師匠にあたる伊勢ヶ浜親方に報告を入れることはなかったという（「読売新聞」東京朝刊、2017年12月21日付)。

11月中旬に入って、一連の出来事がマスコミで一斉に報じられた。それにより事案の詳細が明らかになり、また報告書においても事の経過が具体的に示された。

同事案では、力士らの集団のなかで暴行に歯止めがかかることはなく、またその事実が集団を越えて外に漏れ伝わることもなかった。集団内で暴力が抑制されず、かつそれが外の世界から遮断されるという状況が生まれるのは、その集団において暴力が容認あるいは黙認されているからに他ならない。

すなわち、容認・黙認されているからこそ、誰も暴力を止めに入ることがない。そして、容認・黙認されているからこそ、外部からの(法的)介入を避けようとするのだ。傷害が生じるような事態であっても、こうして暴力事案は容易に「消える化」していく。

生徒の苦しみに目を向ける

教員目線からの「ブラック部活動」、すなわち教員にとっての部活動指導の負担が話題になる以前は、部活動問題といえば、生徒にとっての損害、具体的には暴力を受けたり、過剰な練習を課せられたりといったことが問題視されてきた。

このところの教員の過重労働に対する世論の高まりによって、生徒の身体に対する侵害への関心が相対的に小さくなっているようにも思われる。だが、生徒の苦しみを抜きに「ブラック部活動」を語ることはできない。部活動改革は、生徒と先生それぞれの苦しみにしっかりと目を向けて、進められていく必要がある。

部活動のなかで生徒が経験する重大な身体的侵害の一つが「体罰」である。

この「体罰」という語は、なかなか厄介である。それは日常的な意味においては、身体的な暴力を指すものとして用いられている。だが厳密には、「罰」という語に留意して考えなければならない。

『広辞苑』の第七版によると、「体罰」とは「身体に直接に苦痛を与える罰」のことを指す。そして、「罰」とは「罪またはあやまちのある者に科する懲らしめ。しおき」である。つまり、「体罰」とは何らかのあってはならない行為に対して、本人を懲らしめるために発動されるものである。

文部科学省の見解も同様である。2007年2月に出された「問題行動を起こす児童生徒に対する指導について（通知）」によると、「懲戒の内容が身体的性質のもの、すなわち、身体に対する侵害を内容とする懲戒（殴る、蹴る等）、被罰者に肉体的苦痛を与えるような懲戒（正座・直立等特定の姿勢を長時間にわたって保持させる等）に当たると判断された場合」が、「体罰」とみなされる。

「体罰」とはすなわち、身体的な苦痛を通して、本人に反省を促す行為である。その是非はともかくも、教育的な意図をもった行為と言える。「体罰」がしばしば「行き過ぎた指導」と称されるのも、そのためである。

だがその教育的ニュアンスが、事実の理解を難しくしてしまう。つまり事実レベルで何が起きたのかを記述したくても、その行為が教育的であったかどうかに関心が移ってしまうのだ。

したがって、事実としての「体罰」を論じる際には、できるだけそれを「身体的暴力」のような、行為そのものに重点を置いた言葉に代えたほうがよい。本書においても、適宜「身体的暴力」などの表現により、行動レベルで当該の出来事を記述・説明するようにしている。

暴力をともなった熱中症

生徒の身体への暴力は、必ずしもそれ単体のみで表沙汰になるというわけではない。先の日馬富士による暴行事案もそうであったように、被害者側が何らかの心身の傷を負うことではじめて明らかになることが多々ある。日馬富士の事案でも、貴ノ岩は、頭部に全治2週間の傷を負っていた。

学校における暴力的事案においても、その結果として明白なダメージがあるとき、事案は顕在化しやすい。

たとえば岐阜県の私立高校で、2017年8月半ばに、生徒が熱中症で倒れた。

各種報道によると、野球部に所属する2年生の男子生徒が、日中の部活動の練習で、同校野球部出身のコーチである非常勤講師から、100mのダッシュを130本走るよう命じられた。生徒は100本以上走ったところで倒れて、重度の熱中症により救急搬送された。集中治療室で一時治療を受けて、幸いにして1週間で退院することができたという。

給水はコーチの許可を得るよう指示されていて、練習開始から約3時間後に倒れるまでの間、生徒が水分を補給したのは2回であった。この生徒が2日前の公式戦の終了後に「ふざけた態度をとった」ということで監督が怒り、コーチが「反省が足りない」として特別メニューを生徒に指示したとのことである。

暴力的な指導の結果として重度の熱中症を発症したからこそ、この事案は表沙汰になったと考えられる。もしこれを生徒が何とか走りきってしまっていたら、何事にもならなかったのではないか。さらには「厳しいトレーニングを乗り越えた」と美談にされてしまうかもしれない。後者の場合には、「自分は暴力を受けて育った」として、今度は自分が指導者として子どもに同様の侵害を与えてしまうことになりかねない。

なおこの岐阜の事案は、暴力的な指導の問題性を伝えるだけでも十分な意味をもっているが、その他にもいくつかの重大な論点がともなっている。

第一に、このコーチは26歳であった。年齢の若さに驚かされる。根性論が堂々と通用した世代ならともかく、スポーツ指導における「体罰」の問題性がさんざん指摘されるなかで大学を卒業した20代の若い指導者である。

第二に、コーチは保健体育が専門であった。スポーツ科学の知識を習得していない素人であっても、真夏の日中に100mを130本走らせることの危険性は認識しているであろう。ましてや、保健体育が専門ともなれば、熱中症を含む最新のスポーツ科学の知見は、他の教員以上によく理解しているはずである。

第三に、同校の校長は「体罰に近い行き過ぎた指導だった」と述べたようである。このケースは、文字通りの「体罰」事案である。公式戦後の生徒の態度が悪かったということで「罰」として、身体に厳しい負荷を与えた。これを「体罰」と呼ばずに、何をそう呼べばよいのだろうか。これが「体罰」ではなく「(行き過ぎた)指導」と表現されるところに、学校教育における身体的暴力の位置づけがよくあらわれている。

3.「正しい行為」としての暴力

「罰」だから暴力もやむなし?

命にかかわるような事案ではなかったものの、世界的なトランペット奏者の日野皓正氏が中学生に身体的暴力を振るうという事案が、2017年8月半ばに起きた。

この事案は動画が残っていたために、ネット上で大きな反響を呼んだ。日野氏が、ドラムを演奏中の生徒の髪をつかんだり、往復ビンタしたりする様子が記録されている。

ここで注目しなければならないのは、この暴力事案をめぐるリアクションである。日野氏が生徒に暴力を振るったのには理由がある。動画を見ればわかるとおり、その生徒は一人で勝手に演奏をつづけ、それを見かねた日野氏が生徒からドラムスティックを奪う。だがそれでも生徒は手でドラムを叩いて、演奏を止めようとはしなかった。そこで日野氏が上記のとおり、生徒に暴力をくわえたのである。

さてこの一連の行為について、「悪いのは中学生であり、それをビンタによってビシッと抑え込んだ日野氏は教育者として立派な対応をした」といった旨の意見が、多勢を占めていたように見える。

中学生がとった行動は、たしかに間違ったものであり、したがってそれ相応の罰が与えられるのも、理解できる。私も、その生徒が免罪されてはならないと思うし、十分に厳しい対応があってよいと思う。

ただし気がかりなのは、その問題行動への対処方法が身体的な暴力であった点であり、また身体的な暴力に対するネットユーザーのリアクションがおおむね好意的だった点である。

生徒が迷惑行為をしたとしても、それは身体的な暴力とは別の方法で解決されるべきである。たとえば中学生が演奏を止めなかったならば、その場から退場させたり、今後の演奏会への参加権を一時的に剥奪《はくだつ》したりと、身体的な暴力以外でペナルティを科すことはできなかったのか。その方法を考えることが、ネットユーザーを含む私たち大人の仕事ではなかったのか。

じつはこれに似たような論理を、先述した日馬富士の暴行事案においても見て取ることができる。

事件後の引退会見において、日馬富士と記者との間で次のようなやりとりがあった。

記者：今回起こしてしまったことの重大さを、どのようにいま認識していらっしゃるでしょうか。

日馬富士：今回のことで、彼（貴ノ岩）のためになるって、そして僕は正しいことをしているんだという気持ちが強すぎて、行き過ぎることがあるんだなということを思いました。本当に……それだけです。

記者：今回の件について、お酒が一つの理由というふうにも報道がありますが、ご自身はお酒を飲んだときの性格をどのように認識しておりますでしょうか。あるいは周りからどのように言われておりますでしょうか。

日馬富士：私は、いままでお酒を飲んで、何かの事件を起こしたことはありません。それは自分がどうのこうのというより、いっしょにいる人が評価してくれること。自信を持って言えるのは、お酒を飲んで人を傷つけたり暴れたり、酒癖が悪いと言われたことは、いままで一度もないです。

記者：これからあらためてどうお酒と向き合っていくのでしょうか。

日馬富士：お酒を飲んだからこその事件じゃないので、これは。

日馬富士は、今回の暴行事案は「お酒のせいではない」と主張する。つまり、酔ったせいで自分の行動に抑制がかからなくなってしまったわけではなく、その場面では、正しい行為として貴ノ岩を殴ってしまったということである。

身体的暴力＝指導の範疇

このように身体的な暴力は、それが罰の与え方として正当な行為と認識されることが多々ある。「行き過ぎた」かもしれないけれども、それでも「指導」すなわち「教育」の範疇《はんちゅう》と理解される。

このことは、身体的暴力が発覚した教員に対する行政処分の実態にもあらわれている。

2017年度に「体罰」や「わいせつ」「交通事故」などで懲戒処分や訓告等の処分を受けた公立学校の教員は、全国で5109人である。これを細かく見てみると、車の「飲酒運転」では、51件の処分があり、うち27件（52・9％）がもっとも厳しい懲戒免職である。「わいせつ」行為においても処分は厳しく、２１０件中１２０件（57・1％）が懲戒免職である。飲酒運転とわいせつはいずれも発覚すれば重大な処分が待っており、おおよそ2件に1件はクビになる。

他方で「体罰」は、まるで様相が異なる。２０１７年度は５８５件の処分があり、そのうち懲戒免職はゼロ件である。被害のなかには、骨折・ねんざが13件、鼓膜《こまく》損傷が2件ある。それなりの被害が子どもに生じているけれども、だからといって懲戒免職になることはない。

また、学校外で「傷害、暴行等及び刑法違反」を犯したケースは72件で、この場合には、2割強の16件が懲戒免職となっている。学校外の傷害や暴行にはそれなりに厳しい処分が下されるものの、それが学校内の対生徒になった途端に、懲戒免職はゼロ件になる。

これは２０１７年度に限ったことではない。２０１３〜２０１７年度における5年分のデータをまとめて分析してみると、懲戒処分等（訓告を含む）の件数では、各種事案のなかで「体罰」の件数は圧倒的に多く、６８６５件に達する。だがそのなかで懲戒免職に該当する件数は1件にとどまっている。懲戒処分等の件数にしめる懲戒免職の割合でいうと、

図表２　公立校教員における行政処分（懲戒処分＋訓告）の件数

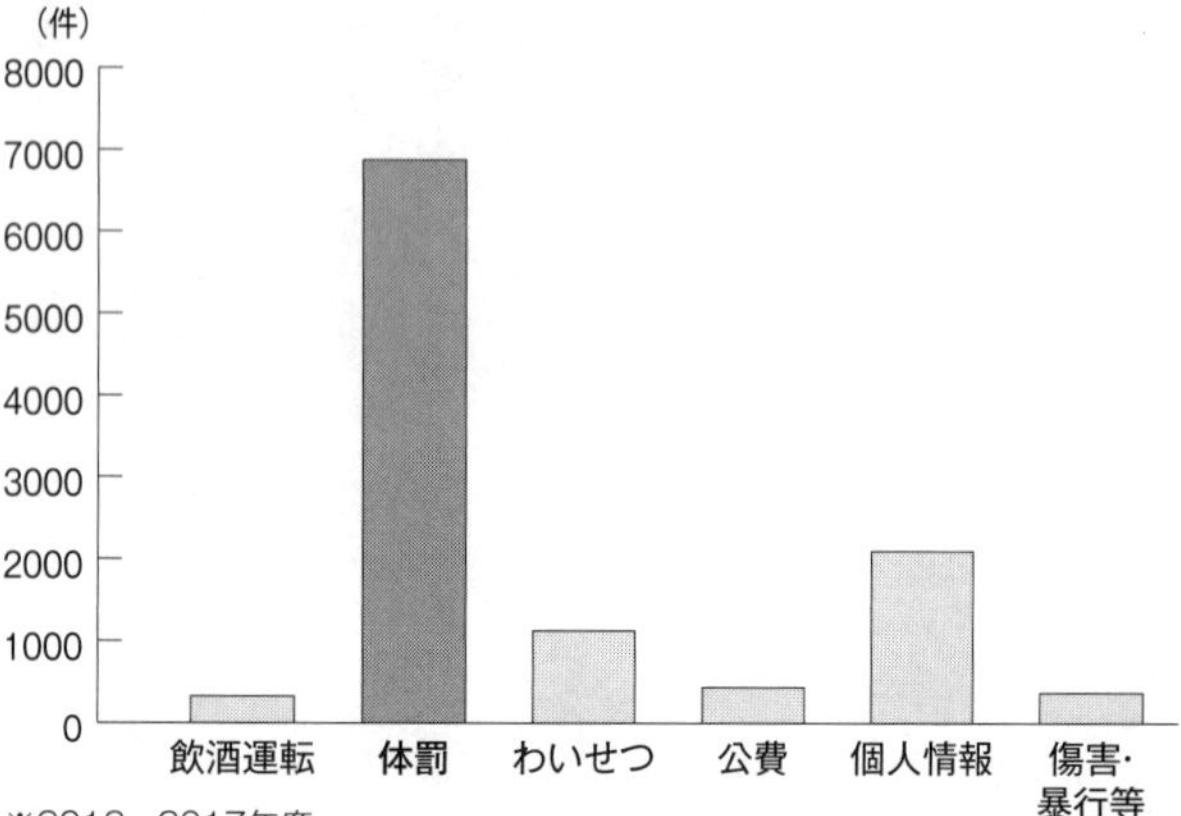

※2013−2017年度

図表３　公立校教員における懲戒免職の件数

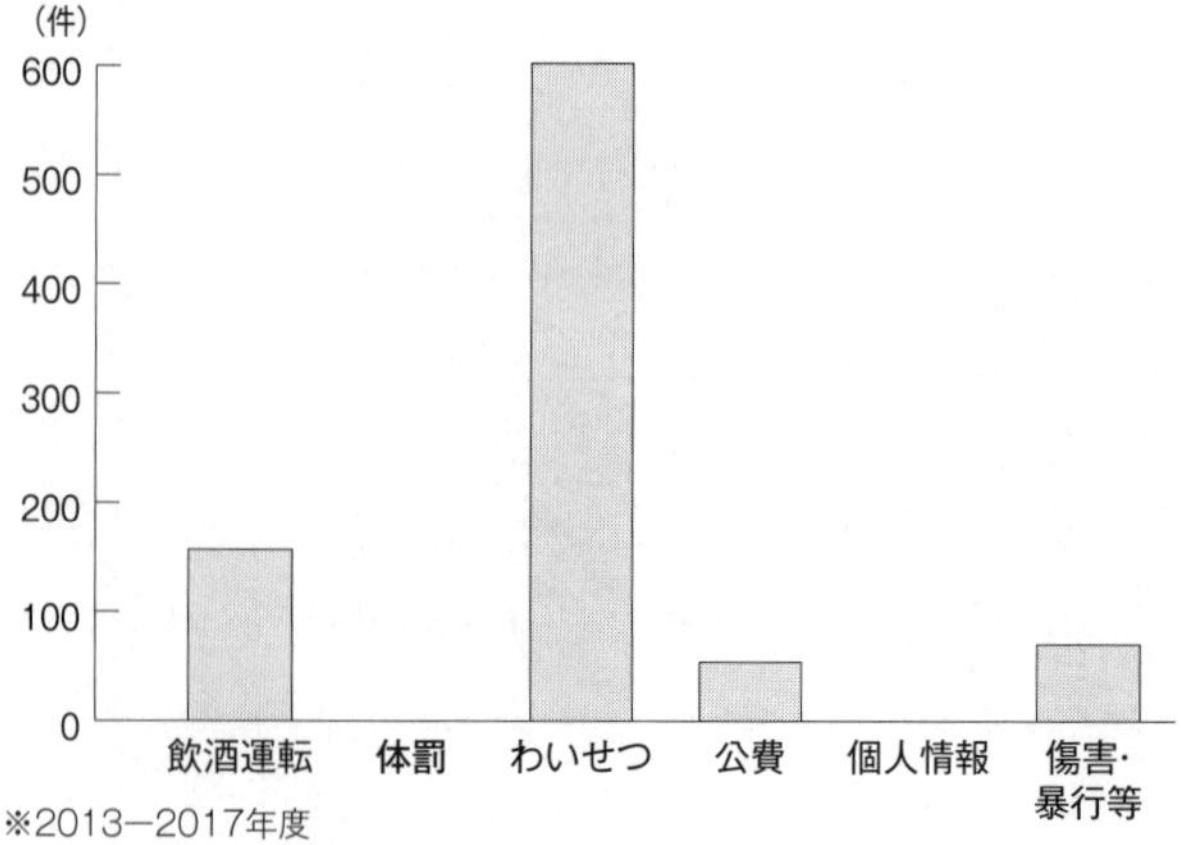

※2013−2017年度

0・015％とほぼゼロに近い。なお、飲酒運転は処分292件のうち154件が懲戒免職（52・7％）、わいせつは処分1070件のうち599件が懲戒免職（56・0％）である【図表2、図表3】。

教員が学校の外で市民に暴力を振るえば、クビになる可能性がある。刑事罰を受ける可能性も大きい。また逆に、市民が学校に侵入して生徒を殴れば、これも刑事上の責任が問われうる。

他方で、学校内で教員が身体的暴力を振るったとしても、それは重大な問題としては認識されない。刑事罰が科されることもなければ、クビになることもない。ペナルティがきわめて小さい。暴力は、教育的な配慮のもとで起きたこと（起きてしまったこと）なのだから、大目に見てあげようというのである。

身体的暴力は効果抜群だからこそ…

教育界は、暴力に甘い。その理由は、暴力は「効果抜群」だからである。

教育論のなかには、「体罰で人は育たない」「暴力は百害あって一利なし」といった言い回しがある。しかしながら、このご時世においても身体的暴力が残存し、さらに過去には、今日と比べてそれが堂々とおこなわれていたことを考えると、身体的暴力には何らかの教育的効果があったといわざるを得ない。

教育現場において教師から生徒への暴力は、「叱咤《しった》激励のため」「気合を入れるため」という教育上の「効果」を期待して、つづけられてきたのではなかったか。さらには、暴力を受けた生徒たちのなかにさえ、「自分に落ち度があった」「厳しくしてくれたことで頑張ることができた」とそれを正当化する声が多くあるではないか。そして生徒にしてみれば、身体が暴力という危険にさらされるなかでは、そのように信じ込むしかない。

ここで暴力の連鎖が生じる。殴った側はもちろんのこと、殴られた側もまた、効果ありと認めてしまう。だからこそ今度は自分が大人の立場になったときに、効果があるはずと信じて、子どもに暴力を振るおうとする。

「体罰で人は育たない」「暴力は百害あって一利なし」とは、暴力撲滅のスローガンとしては有効である。だがそれだけでは、暴力のリアルとそれが再生産される仕組みを説明できない。だからといって、「罰」という名のもとで暴力を肯定するわけにもいかない。これからは、たとえ暴力に効果があるとしても、それでも他の手段を選ぶべき時代なのだ。

暴力に代わる新しい指導方法を生み出すのは、容易ではない。だが、はたして「叱咤激励のため」「気合を入れるため」は、暴力を伴わないとできないことなのか。暴力こそもっとも単純で卑怯《ひきょう》な方法ではないか。暴力を、「教育」や「指導」の一環から切り離していくことが必要である。

第２章

巨大組み体操の教育的意義

――「痛い」を禁句とする学校の暴走

1. やめられない巨大組み体操

大人は守られ、子どもは危険にさらされる

ここ数年で話題になった教育問題の一つに、巨大組み体操がある。

私が学校のウェブサイトや新聞の記事で把握したところでは、組み体操の代表的な技である「ピラミッド」の段数は、中学校で10段、高校で11段にまで達している。さらには幼稚園で6段、小学校で9段に達し、年齢が低くても巨大なものをつくるのが流行のようだ。もう一つ代表的な技として知られる「タワー」も高く積み上げられ、最高段数は小中高いずれも5段である。より巨大で高い組み方がもてはやされ、それが小学校や幼稚園にまで拡《ひろ》がってきた。こうした傾向が、2000年代半ば頃から加速してきた。

今日の組み体操は、組み方の巨大化・高層化さらには担い手の低年齢化によって特徴づけられる。運動会や体育祭では上級生が、運動会の華としてこの組み体操を披露する。その華々しさの裏側で、骨折をはじめとする多くの負傷事故が発生してきた。

私はこの問題に火付け役として関わったこともあり、いまもずっとその動向を追い続け

図表４　ピラミッドの高さと生徒にかかる負荷

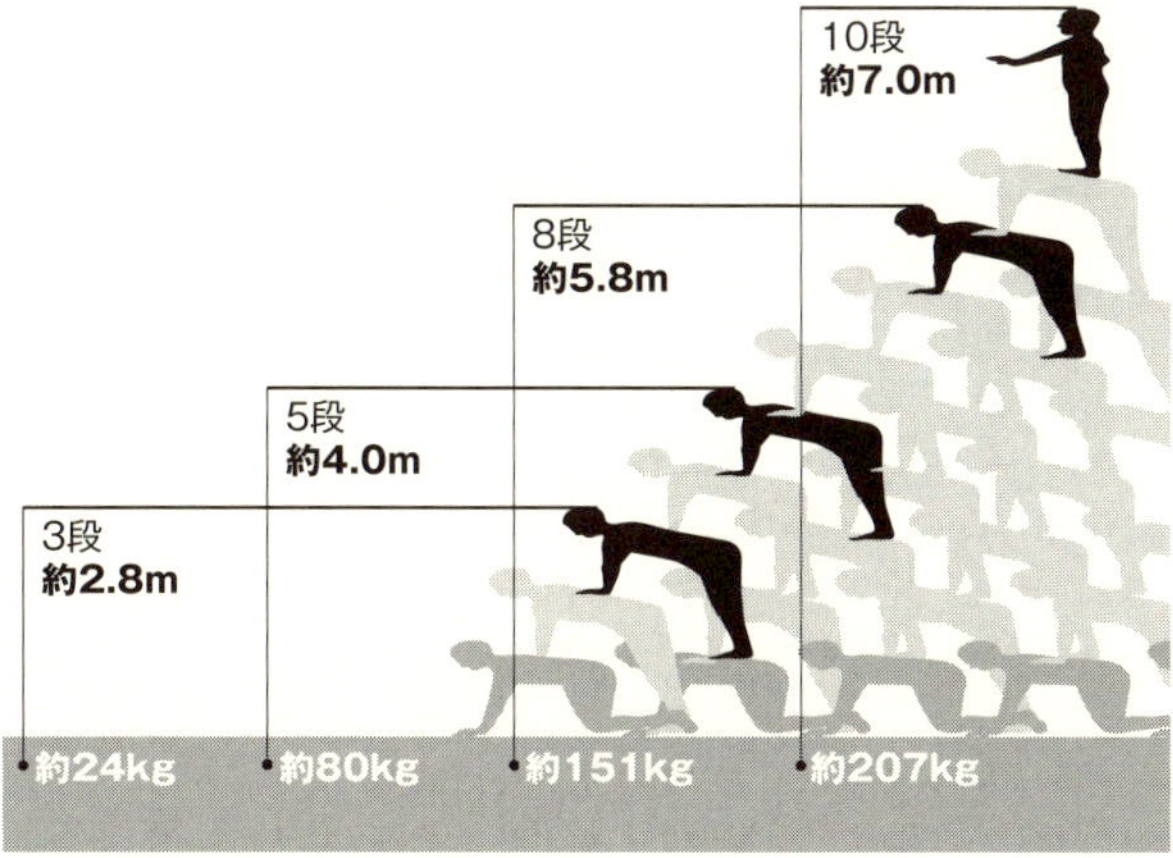

※筆者の推計による。中学3年の男子を想定

ている。私がヤフーニュース「個人」の「リスク・リポート」のページで、組み体操の負傷事故の実態を明らかにしたのは、２０１４年５月のことだ。私自身は、「組み体操」と呼ばれる運動は経験したことも見たこともなかった。だが、当時たまたまＴｗｉｔｔｅｒ上で、「危険だから調べてほしい」といった旨の声が複数、私の手元に届いたため、調べを開始した。

組み体操に何の先入観もない立場からすると、巨大なピラミッドやタワーは、「危ない！」の一言に尽きる。

中学生による10段のピラミッドは、高さ約７ｍ、土台の最大負荷量は約２００kg／人に達する【図表４】。それは極端な例だとしても、高さが4〜5m、負荷が100kgを超えるような組み方は、珍しくない。

大阪市教育委員会の調査では、2014年度にピラミッドを組んだ小学校と中学校のなかで、もっとも多かった段数はいずれも「7段」であった。地震がこなくても崩れてしまうような、生身の子どもによる不安定な巨大建造物が、学校の運動会や体育祭のメインの出し物として、全国に拡がってきた。

巨大化・高層化したピラミッドを、物理的な構造として見るとどうだろうか。すなわち巨大な組み体操とは、言い換えるならば、教師が体育の時間に、クラスの子どもを高さ4mの脚立に乗せてそれをグラグラと揺り動かしたり(実際に組み体操はグラグラと揺れる)、子どもの背中に100kgの石を乗せたりしている状態である。組み体操に特段の思い入れのない私にとって、巨大組み体操は危険な構造物にしか見えなかった。

ちなみに、労働環境の場合には、「労働安全衛生規則」によって、高所作業時の安全対策が細かく定められている。たとえば2m以上の場所で作業をするときには、囲いや手すりを設けて、墜落防止策をとることが雇用主に求められている。これが子どもの高所作業になったとたんに、それは運動会の華として、拍手喝采《かっさい》を受けることになる。大人は守られ、子どもは危険にさらされる。

子どもたちが「やりたがっている」

巨大組み体操について、私がとりわけ驚かされたのは、それを絶賛する声がとても多いことであった。

運動会・体育祭シーズンに、Ｔｗｉｔｔｅｒをのぞいてみると、「明日は弟の運動会組み体操思い出すだけで泣きそうになる」「娘の組体見て、感動で涙止まらず。いつのまにか立派に成長したなぁ」「子どもたちの一生懸命な姿に感動でした。組体後の担任の男泣きには、こちらももらい泣き」といった感動の言葉であふれかえっている。組み体操を経験したことがある、見たことがある人たちにとっては、組み体操は「涙」や「感動」で覆われている。そこに危険を直感する余地はない。

そして、巨大な組み体操を指導してきた先生たちも、「子どもたちが楽しみにしている」「巨大なものをやめようとしたら、『先生、俺たちもやりたいです』と生徒が懇願してきた」と主張する。教師としては判断に迷うところだったが、子どもがやりたがっているからやることにしたというのだ。

私自身にはその危険性ばかりが見えてくるけれども、巨大組み体操も、いざやってみるとけっこう魅力あるものなのかもしれない。そう思えるほどに、当事者の子どもを含め、巨大組み体操を絶賛する人たちは多い。

文部科学大臣「なんでこんな怖い経験を」

しかしながら、じつはTwitter上では、ちょうどそれと逆の声もたくさんあることを私は知っている。とくに、土台役だった人たちの不平・不満は大きい。

「ただひたすら重くて、早く終わることばかり願ってた」「体育館での練習はまだマシだったけど、運動場だと膝に砂や小石がめりこんできて、激痛との闘いだった」と、練習のたびに重さや痛さに堪《た》え忍んだことを吐露する。土台役は頂点役と異なり、目立つこともない。立体型ピラミッドの土台の場合には、もはや観客からはその姿さえ見えない。そのなかで、ただひたすらに重さや痛さと闘っている。

そして頂点役という晴れ舞台であっても、恐怖や不安でいっぱいになる子どももがいる。文部科学大臣在任中に、組み体操の問題への対応を迫られた下村博文氏は、自身の経験を振り返り、「たぶん5段とか6段とかですね、それぐらいはあったというふうに思うんですね。自分で経験したなかで、なんでこんな怖い経験しながら、どういう意味があるのかなと子どもも心にじつは思ったことがあります」(2015年9月29日、文部科学大臣記者会見)と語っている。

このような声を聴くにつれて、「子どもがやりたがっている」という根拠が揺らいでいく。

もちろん、多くの組み体操経験者は、心から感動し涙を流したのだろう。だがその一方で少なからぬ経験者が、激痛をこらえ、恐怖を抑圧して、やることの意味もわからずに巨大な組み体操をつくってきたのであった。ただ、後者の声よりも、前者の声が大きかったあるいは多かっただけのことである。「子どもがやりたがっている」との理由で巨大組み体操を実施するのは、教育の名を借りて子どもの身体を危険にさらすハラスメントである。

安全管理の役を担う教師がとるべき行動とは、「やりたい」という子どもたちを説得することであり、「やりたい」に乗っかることではない。安全性を確保したうえで、そこで子どもたちが伸び伸びと活動できるという状況を生み出すことが、私たち大人の役目である。

保護者や地域住民からの圧力

「教師の役目」ではなく「大人の役目」と述べたのには、理由がある。巨大組み体操の実施主体は学校であり、教師である。だが、教師が巨大組み体操の実施を決断するその背景には、一部の保護者や地域住民からの圧力がかかっていることがある。

世の大人たちによる圧力は、巨大組み体操からの脱却の可能性が高まったときに、顕在化する。組み体操の高さを2段までに制限した小学校の校長は、子どもの保護者から罵声を浴びせられたという。

以前よりその保護者からは、巨大組み体操を存続させるよう強い要望があったようで、それがついに爆発したのであった。「子どもの思いを無視している」「それでも教育者か」と、非難の言葉がとんだ。校長は感情的にならぬよう淡々と応じたというが、顛末《てんまつ》を記した私宛ての手紙の文面からは、保護者からの罵声によって相当に精神的に傷ついている様子が感じられた。

保護者であれば校長に怒鳴っても許されるというルールは、どこにもない。怒鳴ることで相手の意見を変えることができるなら、それほど楽な方法はない。その校長は、けっして自分の方針を曲げることはしなかった。ハラスメントに耐えて子どもの安全を守ったのであった。

同じような状況で、罵声の威力に負けて、自分の意見を撤回せざるをえなかった校長もいることだろう。保護者から校長へのハラスメントが、結果として、教育の名のもとに多大なリスクを強制的に子どもに負わせるというハラスメントにもつながっていく。

国会のなかで組み体操の問題をいち早く訴えてきた衆議院議員の初鹿明博氏（立憲民主党＝当時は維新の党所属）は、文部科学委員会の質疑において、保護者だけでなく地域住民を含む学校区内からの圧力が巨大組み体操の縮小の障害になっていると述べている。

私の母校の中学校は、ピラミッドじゃなくて、立ちで、立って5段のタワーを中学3年生が毎年、10年以上やっています。立って5段ですから、だいたい7メートルから8メートルぐらいになるんですかね。

私もほぼ毎年行って、近所の人たちもたくさん見に来るんですよ。しいんと静まっているところで立ち上がって成功したときは、本当に感動するんです。私も正直、感動していました。これによって、学年に一体感ができて、本当にいい学年になって卒業まで進んでいくということも聞いているし、実際にそうだなというのをいろいろな行事を見て感じました。

ただ、この事故（大阪府八尾市立中学校の10段ピラミッド崩落事故）を見て、私は素直に感動している場合ではなかったんだなということで非常に反省をしました。
でも、なかなかやめられない事情もあるんです。なぜかというと、やはり親、PTAや、またPTA会長のOBとか地域の町会長とかが、これはすばらしいねといって称賛をします。私の地元の中学校もそうなんですよ。新しい校長先生が来ると、入学式のときに大体顔を合わせますけれども、地域のPTAの会長さんたちが何と言うかといったら、5段タワーだけはつづけてくださいねと言うわけですよ。だから、私は、文科省として、何段以上のタワー、何段以上のピラミッドはやってはいけないという基準をつくるべき、制限を設けるべきだと思います。

（2015年12月1日、衆議院文部科学委員会議事録〔一部編集〕）

巨大組み体操はこうして、教師や、保護者、地域住民らによって支えられている。「教育的な効果がある」「子どもの思いを無視している」と声高に言ってしまえば、それが全体の一部の声にすぎなくても、その活動を縮減することに抵抗感が生まれる。「教育」には人を説き伏せる力がある。

いまもつづく巨大組み体操

教師はもとより保護者など学校の現状をつぶさに知る立場にある読者は、この巨大組み体操の問題はずいぶんと改善したとの認識をもっているだろう。

実際に2016年3月に組み体操における負傷事故の多発を受けて、スポーツ庁は「組体操等による事故の防止について」という通知を発出した。これにより全国一斉に、組み体操指導の見直しが進んだ。

日本スポーツ振興センターが、「組み体操」というカテゴリで負傷事故件数を公表し始めたのが、2011年度からである。2011年度から2015年度まで8000件台で推移してきた事故件数は、2016年度には一気に5000件台にまで減少した。2015年度（8071件）比では35％の減少、ピーク時の2012年度（8883件）比では41％の減少である。

私はスポーツ庁の通知以降も、全国各地の学校で7段や8段のピラミッド、5段のタワーなど、巨大な組み方が披露されていたことを、確認してきた。だが、それは最後の灯火だと考え、きっと今後はもうその灯火も消えるだろうと願い、静観をつづけてきた。

ところが2018年の秋の運動会においても、SNS上ではたとえば中学校で8段のピラミッドや5段のタワー、小学校でも7段のピラミッドの画像を、複数件確認することができる。春の運動会のときには、ある中学校で9段のピラミッドも披露されている。

一時の全国的な巨大化ブームは過ぎ去った。だがいまも特定の地域や学校では、巨大組み体操がこれまでと同様に継続されているようである。

組み体操による負傷事故が全国でもっとも多く発生している兵庫県では、2015年度より教育委員会が県内の公立小中学校に対して、組み体操の実施・事故状況について詳しい調査を実施している。

調査結果の資料をもとに、2015~2018年度の変化をまとめてみよう。

規制の代表例として多くみられる「ピラミッドは5段まで」「タワーは3段まで」を基準にして、「ピラミッドは6段以上」「タワーは4段以上」を巨大組み体操とみなし、その実施校数の推移を図示した。なお、「ピラミッドは5段まで」「タワーは3段まで」という具体的な段数を明示した規制としては、愛知県や大阪市(ただし段数制限は2016年度までで2017年度よりピラミッドとタワーは全面禁止)の例がある。

図表5と図表6を見ると、2015年度と2016年度の間に大きな断絶が確認できる。

これはスポーツ庁の通知(2016年3月)を境にして生じたと考えられる。組み体操指導の見直しという全国的な動向のなかで、兵庫県内においても巨大な組み方が一気に抑制されるようになったといえる。とくに神戸市は2016年3月に段数の制限を各校に求めており、その影響も大きい。

巨大組み体操の復活?

注目すべきは、その後である。

すなわち、2016年度から2018年度にかけて、小学校と中学校のいずれにおいても、ピラミッド6段以上ならびにタワー4段以上の実施校数が、あまり変化していない。下げ止まりが生じているのである。

2015年度から2016年度にかけて、多くの学校が高層化抑制の動きに賛同し、巨大組み体操の実施校数は激減した。ところが、いったん減った2016年度からは、少数の学校が巨大組み体操を存続させているという実態が浮かび上がってくる。

さらには2016年度以降、組み体操の段数を上げる傾向が強まっている。

兵庫県の資料には、前年度に比べて段数を上げた学校と下げた学校それぞれの校数(段

図表5 ピラミッド6段以上の実施校数(兵庫県調査)

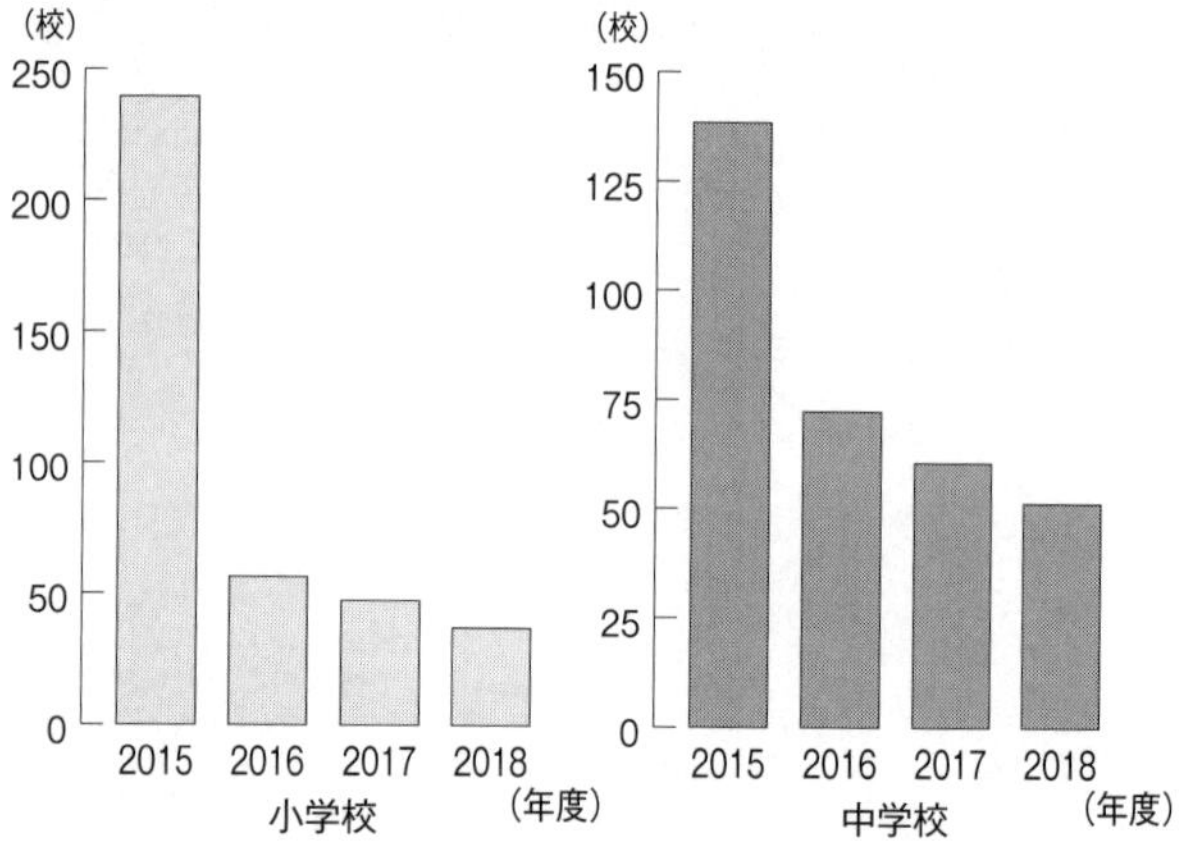

図表6 タワー4段以上の実施校数(兵庫県調査)

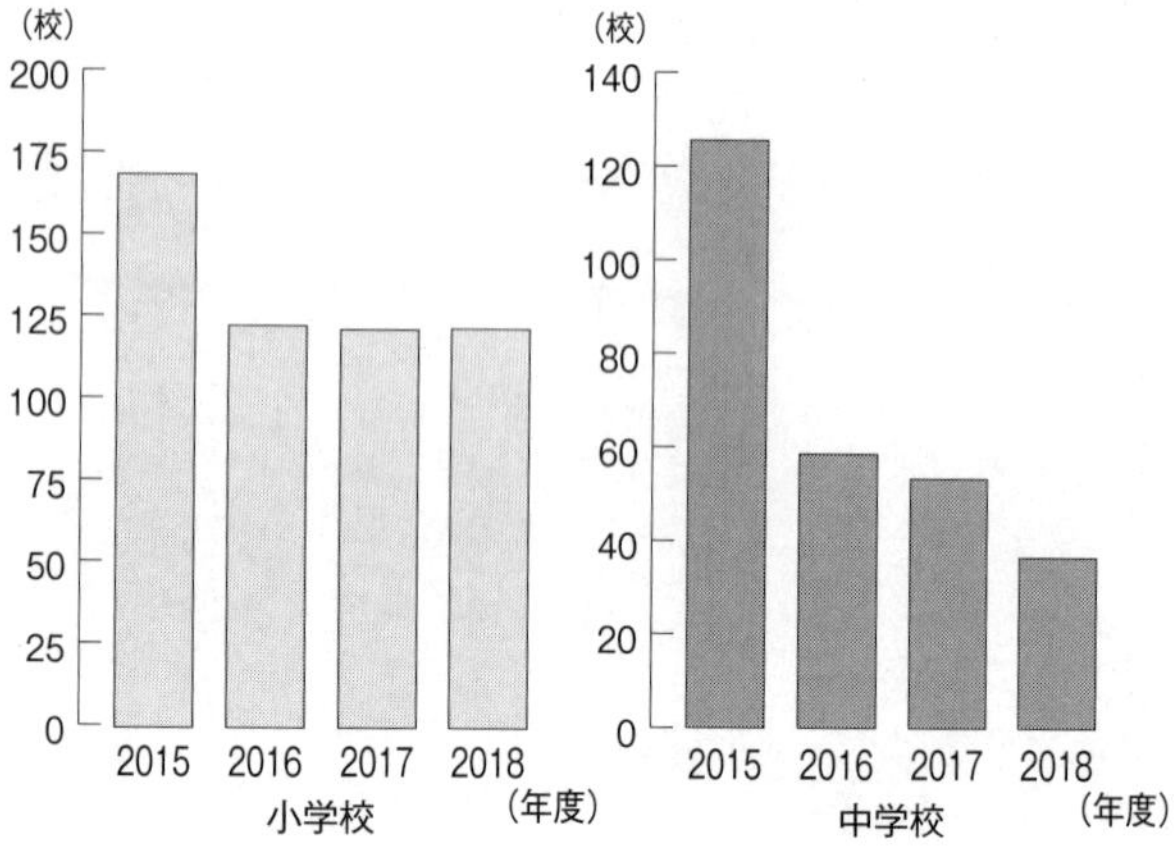

図表７　前年度より段数を上げた学校の数（兵庫県調査）

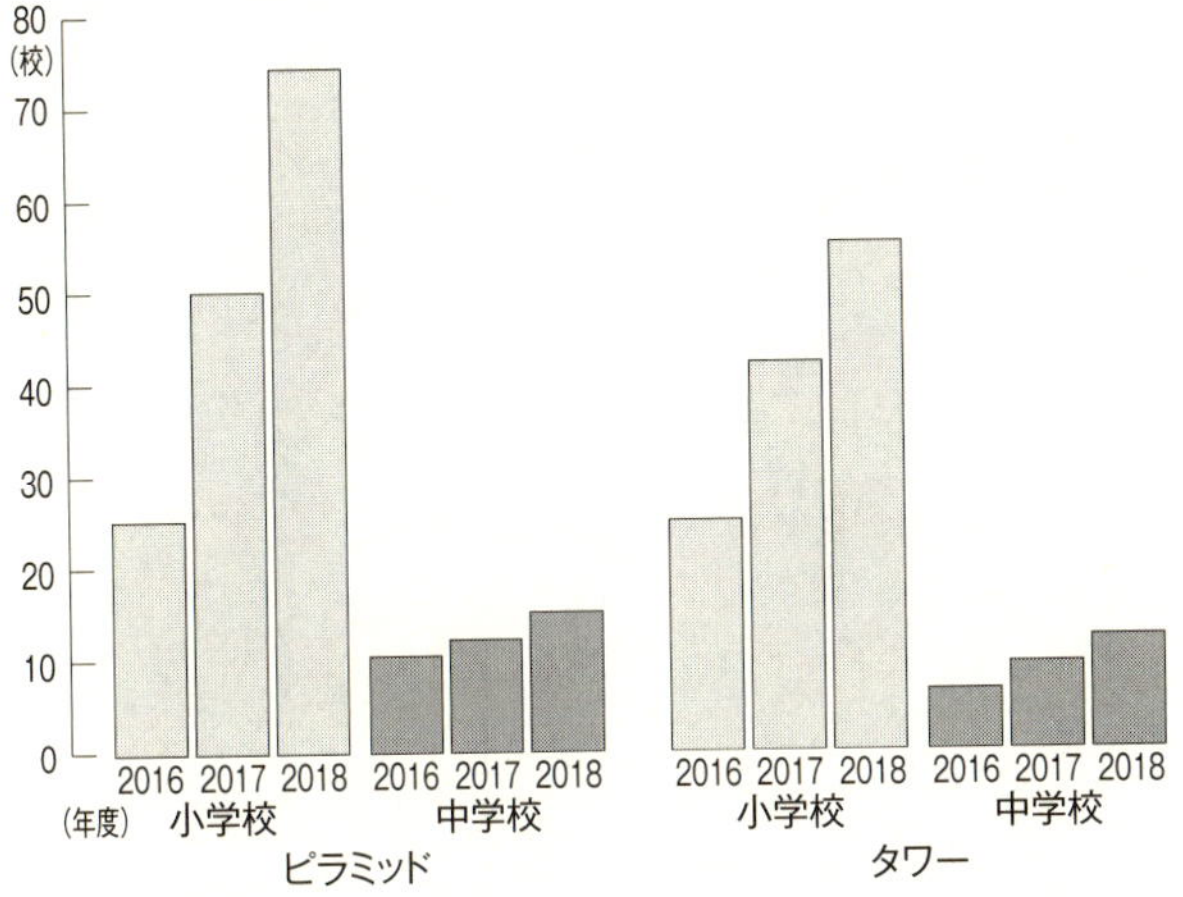

数の大きさは関係ない）が、記載されている。ただし調査対象校については、２０１５年度版と２０１６年度版には神戸市の公立小中学校が含まれているものの、２０１７年度版では神戸市は含まれていない（以下の数値の解釈は、２０１７年度版で神戸市が含まれていないことの影響を考慮したうえでおこなっている）。

図表７を見てみると、小学校と中学校のいずれにおいても、ピラミッドならびにタワーの両者で、前年度よりも段数を上げたという学校の数が、２０１６年度から２０１８年度にかけて増加傾向であることがわかる。中学校のピラミッドでは、２０１８年度に９段が１校復活（２０１７年度は０

校）した。

そもそも段数を上げるという発想自体に疑問符を投げかけたいところだが、しかもそうした学校が、2016年度よりも2018年度で増えているというのだ。巨大組み体操への批判からいったんは縮小が進んだものの、徐々にまた段数が上がりつつある。

巨大組み体操を実施する学校数の下げ止まりといい、段数を上げる学校数の増加といい、巨大組み体操の問題はけっして終わっていないし、復活の兆しさえ垣間見える。

2．「痛い」からこそ意義がある

「痛い」さえ言えない

なぜあれだけ非難された巨大組み体操が、再び巨大化してしまうのか。

その理由は、学校文化の基底に、巨大組み体操が「教育」として十分に意義があるという考えが根づいているからだと考えられる。

先に「ただひたすら重かった」「膝に砂や小石がめりこんできて、激痛との闘いだった」という経験談を紹介した。ピラミッドの土台役が、背中に重さがかかることで、膝にグラウンドの砂や小石がめりこむというのは、「組み体操あるあるある」だ。

組み体操の指導では、これらの痛みさえもが「子どものため」と定義されうる。すなわち、「その心身への負荷から学ぶべきことがたくさんある」という主張が堂々とまかり通る。こうして、ハラスメントは美化されていく。

定番の指導例を、いくつか紹介したい。

▼例1：「演技中はしゃべらない！」

足が痛い！　膝が痛い！　目に砂が入った！

練習ではいろんな言葉が子どもたちの口から出てきます。そんな言葉を聞き逃すことなく、「いま『痛い』って言ったの誰だ！　演技中はしゃべらない！」と、叱咤激励する声が響きます。

たしかに痛いことはたくさんあるでしょう。でも歯を食いしばって頑張るからこそ、感動があるのではないでしょうか？　そして歯を食いしばって頑張っているのが我が子ならば感動はさらに何倍にもなるでしょう。本校史上最高の、素晴らしい演技を期待します!!

（A小学校ブログより　※文言を一部改変）

▼例2：「泣き言は言うな」

「痛い」「重い」「暑い」……そんな泣き言は言うな。根性で踏ん張れ。気合いを入れろ！　本番では、必ず成功させてみせるぞ‼　最高の演技を見せてやるぞ！！！

（B小学校ブログより　※文言を一部改変）

「組み体操あるある」の指導方法とは、つまり「『痛い』と言うな」である。巨大な組み体操は、相当な痛みや恐怖がともなう。その痛みを我慢してこそ、感動が得られ、最高の演技ができるという発想である。

そして重要なことは、この痛みというのは必要悪というよりも、むしろ教育的に必要不可欠な要素であるとされる点だ。

たとえば「痛い」が禁句であるのと同じように、グラウンドにひざまずく瞬間に、小石や砂を払うことも「みっともない」と禁止される。痛いということはわかっていても、そこに突っ込んでいくことが求められる。

学校によっては、サポーターの着用が禁止されているところさえある。とある保護者は、サポーターの着用を学校にお願いしたが、「一人だけサポーターをするのはおかしい」と拒否されたという。

組み体操における痛みを口に出してはならない理由は、子どもたちにこんなふうに伝えられる——「土台の子は、上の子が安心していられるように、痛くても重くても我慢しなさい。『痛い』『重い』と言っていては、上に乗るのが不安になってしまうでしょう。そして上に乗る子は、土台の子があなたのためにグッと我慢してくれているのだから、土台の子を信じて、勇気を出して上にのぼっていきなさい」。

多くの指導書や学校のウェブサイトで、クラスメイトのために自分の痛みや恐怖を抑え込むことに、組み体操の魅力が見いだされている。それは、クラスのなかに信頼感や一体感を生むというのだ。

しかしながら、信頼感や一体感、あるいは感動というのは、そこまで身体をリスクに晒《さら》さないと得られないものなのだろうか。プライベートの世界でリスクと引き換えにベネフィット（便益）を得るのはまだよいとしても、それが学校教育という全員参加（運動会の本番もその練習も全員が参加する）のなかでとなると、そうはいかないはずだ。

たしかに、いちいち「痛い」とか「怖い」などと文句を言っていては、何も成り立たない。しかしながら、これだけ土台の負荷量が大きく、かつ高層化したものを、生身の人間がつくりだしていることを考えるならば、「痛い」「怖い」という声を封じることは、むしろハラスメントと呼ぶべきだろう。

「痛い」を封じることの危険性

２０１５年9月、大阪府八尾市の中学校で、体育大会の本番中に10段ピラミッドの組み体操が完成間際に崩壊し、生徒1人が右腕を骨折し、5人が軽傷を負うという事故が発生した。その様子が動画でＹｏｕＴｕｂｅ上にアップされたため、動画は瞬く間に拡散し、全国ニュースでも大々的にとりあげられた。

その動画をみる限りでは、下から4段目あたりの生徒が、ピラミッドが崩落する8秒ほど前から徐々に身体が押しつぶされていく様子が確認できる。負荷がかかるのは外側よりも内部であるため、おそらく内部ではさらに早い段階から体勢が崩れていたのではないかと推測される。「痛い」「重い」という発言が積極的に引き出されていたならば、その状態に至る前にブレーキがかかったはずだ。

その10段ピラミッドは本番まで一度も成功したことはなかったという。本番の崩落直前に限らず、練習の段階でも身体に異常な負荷がかかっていたことはすでに誰しもが気づいていたことだろう。でも、その痛みは封じ込められた。我慢しろと、崇高な目標に向かって突き進むしかなかった。そしてその我慢の先で、全体が一気に崩落し、負傷者が出てしまったのである。

「痛い」という子どもの感覚は、その先に組み体操の崩壊が起こりうることを示唆している。痛みが大きいということは、負荷のかけ方がまちがっているということだ。組み体操を安定して完成させるためには、極力痛くない組み方を模索しなければならない。

「痛い」が連発されるのは煩《わずら》わしいことかもしれないが、他方で、一律にそうした発言を禁止するのは、いっそう危険である。適当なタイミングに子どもがみずから「痛い」「もうダメ」と全員にアラームを発することができれば、それは組み体操崩壊の防止にもつながり、また、子どもの危機管理能力の育成にもつながっていくはずである。

今日、学校安全の取り組みでは、大人目線ではなく、子ども目線から見たときの危険を拾い上げようという実践が多くおこなわれている。たとえば、地域の安全マップ（危険箇所のマップ）を作成する際に、子どもが危険と感じる場所を地図上に記していくという方法がある。こうした実践では、むしろ大人のほうこそ、学ぶことが多い。

専門家は「痛いならやめるべき」

日本でもっとも組み体操に詳しい専門家に、日本体育大学教授の荒木達雄氏がいる（※荒木氏によると厳密には、「組み体操」とは「2人以上で互いの力を利用し合って動く、動的な運動」を指し、「組立体操」とは「人間を2段、3段と積み上げて造形美を表現する、静的な運動」を指す〔荒木達雄「組体操・組立体操の歴史と教育的価値」『体育科教育』2016年5月号〕。だが今日、文献やマスコミではこれらの運動は広く「組み体操」と呼ばれているため、ここでも「組み体操」で統一している）。

荒木氏は、かつてある小学校を訪問したときに、子どもが巨大なタワーをつくっている様子を、校長先生から見せてもらったという。校長先生は誇らしげに巨大タワーを披露したのだけれども、荒木氏の目に真っ先に映ったのは、土台の女の子が泣きべそをかいている姿だった。

女児が、身体にかかる負荷が大きすぎて、いまにも泣きそうになっている。荒木氏は、

「土台の子が苦しそうだから、これは止めたほうがいい」と進言したそうだ。

専門家の見地からすると、そもそも「痛い」「苦しい」ということは、組み方が悪いということである。痛みを乗り越えることではなく、痛みを最小限にしていかに身体に負荷をかけずに皆がバランスをとりながら身体を組み合わせていくか、これが組み体操の醍醐《だいご》味《み》である。

荒木氏は、「無理にやらせてケガさせたりするくらいなら、やらせないほうがいい」とよく仰っている。なるほど、自分が専門とする競技種目で、子どもたちがケガをしたり、「痛い」と泣き言を言っていたりする姿は見たくないのだろう。それで組み体操が嫌になってしまっては、元も子もない。むしろ子どもたちが楽しそうに取り組みながら、ケガもなく終えてくれたほうがいい。

こう考えると、巨大な組み体操のあり方は、「ブラック」と言われる企業やアルバイト、部活動……のアナロジーのように見えてくる。「痛い」「苦しい」を言わない人間を育てる。あなたが我慢してこそ、組織が成り立つ。

そうこう言っている間に、苦悩や不平不満を抑え込んだまま組織は巨大化していき、気がつけば崩壊寸前の状態にまで達している。早くに組織が痛みと向き合うことができていれば、きっとみんなが笑顔でその組織に参画し続けられるはずだ。「ハラスメント」とは単に誰かを告発するためにあるのではなく、組織全体を健全に維持するための重要な着眼点なのだ。

組み体操の骨折事故が道徳教材に⁉

組み体操の指導においては、「痛い」は禁句。それを我慢することで、全体のかたちが成り立つのだと教えられる。こうした教育観のもとでは、仮に負傷事故が起きたとしても、それは教育の失敗とみなされることなく、教育の一環に回収されていく。

広島県教育委員会のウェブサイトに、2016年1月まで掲載されていた、組み体操の道徳教材がある。文部科学省委嘱「平成14・15年度　広島県児童生徒の心に響く道徳教育推進事業」で作成された教材の一つで、主題は「ゆるすということ」。実際に子どもたちが運動会で組み体操の練習をしている時期に、この教材を用いた授業がおこなわれたという。

一部のネットユーザーの間でこの教材の存在がささやかれるようになり、教材の問題点を憲法学者で首都大学東京教授の木村草太氏がネット記事（「これは何かの冗談ですか？

小学校『道徳教育』の驚きの実態」（「現代ビジネス」2016年1月26日）で取り上げたことで、広く知られるようになったものである。

まずはその読み物の内容を、大部分を割愛・編集しつつ、簡単に紹介したい。

ぼくの名前はつよし。六年生の運動会には楽しみがある。それは、組み体操だ。今日は運動会の前日。最後の練習だ。笛の合図でだんだんとピラミッドができあがっていく。二段目、三段目。とうとうぼくの番だ。手と足をいつもの場所に置いたしゅん間、ぼくの体は安定を失い、床に転げ落ちていた。ぼくはそのまま病院に運ばれた。骨折だった。

病院から学校へ帰ると、わたるくんが泣きそうな顔をしてやってきた。最初にわたるくんがくずれて、全体がバランスをくずしたのだ。「つよしくん。ぼく……ごめん」。ぼくは許すことができず、ぷいと顔をそむけてしまった。でもぼくを迎えに来たお母さんは、わたるくんに、「そんなに自分をせめず、つよしの分までがんばってね」と声をかけた。

家に帰ってぼくは、「わたるくんにあんなこと言うなんて」と、お母さんにくってかかった。でもお母さんは、「一番つらい思いをしているのは、つよしじゃなくてわたるくんだと思うよ。つよしがわたるくんを許せるのなら、体育祭に出るよりも、もっといい勉強をしたと思うよ」と静かに言った。

その夜、ぼくは、わたるくんに電話しようと受話器をとった。

以上が、「ゆるすということ」の概要である。

指導案によると、この教材のねらいは「謙虚な心を持ち、広い心で自分と異なる意見や立場を大切にしようとする心を育てる」ことにある。わたるくんこそつらい思いをしているのであり、広い心でもってわたるくんの立場を考えていくことが目指される。

教師の責任はまったく問われない

核心に入る前に、授業の実践報告に記載されている「児童の反応」に触れておきたい。そこには、「許します。つらそうにあやまっているのに許さないとわたるくんに悪い」「事故だったんだし、許さずずっとけんかしたままだったらもっと嫌な思い出になる」といったように、ねらいどおりの理解を示す子どもの意見があげられている。

その一方で、「許さない。わたるくんが気をぬいたせいで、どの競技にも出られないからです」「楽しみにしていた組体操に出られなくてとてもつらい。許してあげたいけど、たぶん許せません」といった意見も紹介されている。母親の言葉によって、わたるくんの立場への気づきが誘《いざな》われているが、それでも「許さない」とは、なかなか厳しい見解である。

組み体操では、人と人とが組み合うことで一つのかたちをつくりあげる。一人が崩れれば、他の人も連動して崩れていく。

楽しみにしていた組み体操で、友人が崩れたことにより、自分がそこに巻き込まれ、骨折する。道徳の授業が実践された当時、まさに組み体操の練習中であった子どもたちには、必ずしも道徳の教材の意図は届かなかったようだ。

子どもであれ大人であれ、人が複数いればそこにトラブルは生じる。その意味では、子どもが相手を「許せない」ことは、それで仕方ないのかもしれない。

だが、組み体操、とくにその高層化した組み方は、運動会の華としての過大な期待を子どもにかけながら、同時に過重な負荷を子どもに与える。そして、一人の失敗が即全体の失敗につながり、ときにそれは身体の負傷をも生み出す。しかもそこで生じる友人間の溝は、道徳的説得では容易に埋まらない。はたしてこのような組み体操のあり方は、学校教育の内容として適当なものなのだろうか。

道徳教材「ゆるすということ」の最大の問題点は、主人公であるつよしくんの骨折を引き起こした組み体操のあり方が、いっさい問われていないことである。そのことに無自覚だからこそ、子どもの心模様に着眼できるのであり、さらにそれを文科省事業の成果として広く提供できるのである。

「ゆるすということ」のなかでは、少なくとも4段より大きい組み方が子どもたちに指導されるなかで、それが崩壊して骨折者が出ている。これはまずもって、組み方やその指導方法に問題があると考えられる。学校側は、子どもに無理を強いていたのではないか。つよしくんもわたるくんも、ともに被害者ではないか。もっと安全な組み体操が指導されていれば、つよしくんが骨折することもなかったし、二人の間がこじれることもなかったはずだ。

だが、「ゆるすということ」は教育の失敗を描くことはない。

つよしくんとわたるくんの両者の心模様に着目し、教育の一環としてそれを活用する。実践報告は、「授業は、自分の練習風景と重ね合わせながら主人公の気持ちを考え、涙ながらに発言する児童がいて、身近な資料になっていると感じた」「この実践後の組体操の練習もさらに真剣に取り組み、練習中の雰囲気もとてもよいものになった」と、前向きな見解を示して閉じられている。

木村草太氏は先のネット記事で、この骨折事案は民事的にさらには刑事的にも責任が問われかねないものであると述べ、「この教材は、『困難を乗り越え、組体操を成功させる』という学校内道徳の話に終始する。学校内道徳が、法規範の上位にあるのだ。いや、もっと正確に言えば、学校内道徳が絶対にして唯一の価値とされ、もはや法は眼中にない。法の支配が学校には及んでいないようだ。これは治外法権ではないのか」と指摘する。

本章冒頭で述べたように、大人であれば労働安全衛生規則により、高所で無防備に労働させることは許されていない。他方でそれが子どもになると、まったく不安定な人間製土台に子どもが乗っていくことが推奨される。それを見て、観客席からも拍手が聞こえてくる。そして仮に事故が起きても、使用者（学校や教師）の責任が問われることもない。学校という空間は、まさに独自の理屈が通用する「治外法権」の場である。

病院に届けられるクラスメイトからのお手紙

法的責任が問われかねない重大事態が、学校という場においては道徳教材化されていく。しかもこれは教材のなかに限られた話ではなく、学校のリアルな日常生活においても同じことが起きているのではないかと想像させる。

私が知る事案を、ここに例示したい。ある小学校高学年の女児が、高層化した組み体操の練習中に事故に遭った。女児が一番下の土台に入っていたところ、全体が崩れて、上から落ちてきた児童の下敷きになったのだ。女児は腕を骨折し、手術を複数回くり返すほどの重傷を負った。

女児のもとには入院中に、学校からクラスメイトが書いた手紙の山が届けられた。「早く元気になってね」「みんな待ってるよ」といった励ましの言葉が綴《つづ》られていたという。

通常であれば、ここでお涙頂戴だ。友だちの思いが込められた手紙に子どもも保護者も感激し、今度は友だちにお礼の返事を出す。教室ではその手紙が披露されて、子どもたちは病室の女児のことに思いを馳《は》せる。こうして、クラスには一体感が生み出される。運動会本番は、ケガで出られない「○○ちゃんの分まで」、皆で一丸になって頑張るのだ。

ところが女児の保護者は、そのストーリーに乗ることはなかった。

学校は、子どもたちに無理をさせて事故が起きた。けれども、そのことはすっかり忘れ去られている。そして手元にはまるでクラスメイト全員で申し合わせたかのように、さらに言えば教師が全員にそう指示したのではないかと思えるほどに、そっくりな内容のお涙頂戴の手紙が届いている。「手紙には騙されない！」と、学校に事故の発生状況とその責任を問いただしたのであった。

友だちどうしで励まし合い、苦難を乗り越えていこうという試み自体は、とても大事なことである。痛みを分かち合い、皆で被害者やその家族を支えていく営みは、重大事故の事後対応において、むしろ必要不可欠であるとさえ言える。だが注意したいのは、それによって問題の所在が「消える化」してはならないということだ。

問題の所在に蓋《ふた》がされたままに、すなわち事故の発生源が何ら問われないままに、皆で苦難を乗り越えたところで、発生源が追及されない限りは、またどこかで（場合によっては同じ学校で）同じ事故がくり返されることになる。美辞麗句でもって、現実から目をそらすことがあってはならない。

第3章
スクール・セクハラの過去と現在
——「教育」との連続性がありえた時代

1. 見えぬ被害、増幅される苦しみ

見えぬセクハラ被害

セクシュアル・ハラスメントは、各種ハラスメントのなかでも、次の二つの意味において、もっとも見えにくい。

第一に、セクハラには広くは、たとえば下ネタで盛り上がったり、女性だけに掃除をさせたりすることも含まれる。これらはまるでそれが当然であるかのように、私たちの日常生活に浸透している。それを言ったり指示したりしている当人には、まったく悪気がない。それどころか場合によっては、それを受けたほうも問題性を認識していないことさえある。ハラスメント（の種）が、日常風景のなかに埋め込まれていて、その自覚化が妨げられる。

第二に、そもそも「性行為」の範疇に含まれるような身体的接触は、閉じた空間でおこなわれる。セクハラだろうと、夫婦や恋人の合意による行為だろうと、その性的な場面がおおっぴらに公開されることはない。公開すれば刑事罰の対象になってしまうだろう。

ましてやそれが、教師－生徒関係にもなれば、そのタブーの度合いがとても高いだけに、

外部の者にはまったくその現実は見えなくなる。すなわち、何らかの性的な言動がありうることさえもが、ほとんど誰にもわからないし、想像もできない。

性的な被害はその精神的ショックも大きく、被害者は深い心の傷を負いながらも、孤立無援状態のまま日々を過ごしていく。その意味で、問題の深刻度はかなり大きい。

私は、学校問題に関心をもつ前は、児童虐待の研究をしていた。身体的虐待にしろ、ネグレクト（養育の放棄や拒否）にしろ、重度のケースは、どれも目を背けたくなるような事例ばかりである。だが、子どもを救うためには、それに向き合わなければならない。

なかでも、性的虐待の事例については、頭を抱え込み、思考できなくなるほどに強烈なものがあった。その内容自体が衝撃的であるのはもちろんのこと、そうしたことを自分や世間が知らないということが、衝撃を何倍にも大きくした。

セクハラの「消える化」は、学校管理下でいうと、暴言・暴力と比べたときにその性質がよく見えてくる。

教師から生徒への暴力・暴言は、生徒の前で堂々と披露される。大声で怒鳴ることも、げんこつ1回も、数十発の平手打ちも、その激しさや重さに関係なく、皆が見ている前でおこなわれる。むしろ、晒すことに意味があるとさえ言える。「自分もそうされるかもしれない」と生徒がビビってくれれば、（脅迫的に）生徒集団を統率できる。

他方で、教師から生徒へのセクハラは、性的なからかいであれば先ほど述べたとおり日常風景に埋め込まれていることも多々ある。だが、ハラスメントの程度が重くなるほど、すなわち性行為に近くなるほど、その事実は見えなくなる。起きていることさえ、伏せられてしまうのだ。

以上、セクシュアル・ハラスメントは、二重の意味でとても見えにくい。とくに身体的接触をともなうようなケースは、起きていることが「なかったこと」にされかねないほどに重大な問題であり、不可視化されるその背景にもしっかりと迫っていきたい。

「セクハラ」の誕生

セクシュアル・ハラスメントとは、アメリカの女性誌「Ｍｓ」の編集主幹グロリア・スタイネムが、１９７０年代初めに生み出した言葉とされる。

日本では、１９８６年に千葉県の西船橋駅で発生したホームからの転落死亡事件において、セクハラという言葉による問題提起があったことが知られている。ホームで泥酔した男性が女性に絡んできて、それを女性が突き放したところ男性はホームから転落し、その後電車が進入してきて死亡したという事案である。男性を転落させたとして女性の刑事責任が問われた際に、女性を支援する団体が、セクハラという言葉を使った。

そして、福岡県の出版社勤務の女性社員が上司（男性）から性的な誹謗《ひぼう》・中傷を受けたとして、1989年に会社と上司に対して損害賠償を請求した裁判は、日本初の「セクハラ裁判」として知られる。同年の新語・流行語大賞の新語部門では「セクシャル・ハラスメント」が金賞を獲得した（西船橋駅のホーム転落事件で女性の弁護を担当した弁護士が受賞）。

ところでじつは、西船橋駅の事件で死亡した被害者の男性は、都立高校の教諭であった。酒に酔った男性教諭が女性に絡んでいった。刑事裁判の判決において、裁判官は「酒に酔って自制心を欠いた男に絡まれたときの気味の悪さ・恐怖感は十分理解できる。この教諭のように酔って公共の場にそぐわない行動をとる者に対しては、これを許すとそのような行為を助長することにもなりかねない」（NHKニュース　1987年9月17日）として、被告である女性の正当防衛を認め、女性は無罪となった。

裁判の過程では「誰もがAさんになりうる」を合言葉に「Aさんを支える会」が結成された。同会は無罪を求める集会を開催したり、嘆願書を裁判所に提出したりと積極的な活動を展開した（「読売新聞」東京朝刊、1987年9月18日付　※紙面では女性の本名が記載されているが、本書では「Aさん」と匿名表記にした）。

女性という立場が男性からのからかいや攻撃の対象になるという意味で「誰もがAさんになりうる」。だが、これは裏を返せば「誰もがセクハラの加害者になりうる」ということでもある。

男性であれば誰もが、そして教師という聖職者であったとしても、加害者になりうる。この事件で命を落とした男性の立場が「教師」であったのは偶然かもしれないが、セクハラ問題の原点に性的加害者としての男性教諭がいたということは、今日のスクール・セクハラの教訓として受け止めるべき事実である。

「スクール・セクハラ」の定義

さて、上記の事例は「セクハラ」の事案である。「スクール・セクハラ」とはそのなかでも、加害／被害関係が何らかのかたちで学校の人間関係を反映したものに限られる。

文部科学省では、1999年3月（当時は文部省）に「文部省におけるセクシュアル・ハラスメントの防止等に関する規程」を定めている。これは国立学校の教育職員を対象に策定されたものであり、同年4月には「公立学校等における性的な言動に起因する問題の防止について」と題する通知を各都道府県・指定都市教育委員会宛てに発信し、各都道府県教委における公立学校の教育職員への啓発を求めた。

同規程は、「セクシュアル・ハラスメント」を「職員が他の職員、学生等及び関係者を不快にさせる性的な言動並びに学生等及び関係者が職員を不快にさせる性的な言動」と定義している（「スクール・セクハラ」という文言ではないものの、これが実質的に文部科学省における「スクール・セクハラ」の定義と見てよい）。そして「セクシュアル・ハラスメントに起因する問題」として「セクシュアル・ハラスメントのため職員の就労上又は学生等の修学上の環境が害されること及びセクシュアル・ハラスメントへの対応に起因して職員が就労上の又は学生等が修学上の不利益を受けること」をあげている。

ここから読み取れるように、1999年に規程が設けられた時点で、セクシュアル・ハラスメントには教員→学生・学校関係者だけでなく、学生・学校関係者→教員という双方向の可能性があることが前提とされている。普段、報道で見聞きする事例では、教師が加害者ということが多いだけに、意外に思う読者もいるかもしれない。

もちろん、男性の教師から女子生徒への性的な関与は、セクハラの典型例として理解しておくべきである。だが、それと同時に他の関係性におけるセクハラも拾い上げていく姿勢を、同規程は私たちに要請している。

本書では、保護者からまたは生徒から教師に対するハラスメントも扱っている。教師から生徒へといった、しばしば想定されがちな加害／被害関係の方向とは別の方向にも着目することは大切である。これはたんに方向の問題だけではなく、私たちが思い描きがちなセクハラの具体像とは別の具体像に関心をもつ試みにもなる。

加害／被害関係の方向だけをとってみても、教師→生徒、教師→保護者、教師→教師、保護者→教師、生徒→教師、生徒→生徒など多様である。どの方向を取り扱うかによって、論じるべき内容も変わってくる。

特定のカテゴリに属する人びとを敵視するのではなく、苦しんでいる人を基点にして、ハラスメントを考えていくことが私の指針である。本書ですべての加害／被害関係を網羅することはできないものの、語られぬセクハラがありうることはつねに想定しておきたい。

財務省事務次官のセクハラ発言

セクハラ被害について声をあげる「#MeToo運動」が拡がりを見せるなか、財務省の事務次官であった福田淳一氏（2018年4月24日に辞任）による記者へのセクハラ騒動は、権力関係を背景にした典型的なハラスメントであった。

第一報を報じた「週刊新潮」（2018年4月19日号）によれば、福田氏は飲食店で記者（女性）に対して「胸触っていい？」「手しばっていい？」と発言したという。これだけでセクハラ事案としては十分である。だが、これがマスコミで一斉に報じられて以降のリアクションが、またひどかった。

関係各氏の一連の問題発言を拾い上げてみると、こんなにもある。

・「女性記者との間でこのようなやりとりをしたことはない」「そのような店で女性記者と会食した覚えもない」（福田氏、「毎日新聞」4月17日付）
・「弁護士に名乗り出て、名前を伏せておっしゃることはそんなに苦痛なことなのか」（矢野康治・財務省官房長、「朝日新聞」5月12日付）
・「隠しテープでとっておいて、週刊誌に売るってこと自体がある意味で犯罪だ」（下村博文・元文部科学大臣、「朝日新聞」5月12日付）
・「次官の番（記者）をみんな男にすれば解決する」（麻生太郎・財務大臣、「読売新聞」

4月28日付）

・「セクハラ罪っていう罪はない」「役所に対しての迷惑とか、品位を傷つけたとか、そういった意味で処分をさせて頂いた」（麻生太郎・財務大臣、「朝日新聞」5月5日付）

セクハラ発言の記録があるにもかかわらず、その事実自体が否定される。さらには、名乗り出てこいと促されたり、福田氏の辞任は（記者を傷つけたからではなく）役所の品位を傷つけたからだと主張されたりと、これらの発言はいずれも、セクハラ被害を受けた記者を追い詰めるものである。

しかも、4月19日には民進党の記者会見で、フリー記者が、セクハラ被害を受けた女性記者の実名を出して質問をするという事態が生じ、女性記者の実名はネット上で広く知られることになった。

被害者は二度苦しむ

セクハラに限らず、さまざまな犯罪やハラスメントは、被害者に二つの苦しみをもたらす。

一つが加害者からの侵襲そのものがもたらす不利益で、「一次被害」と呼ばれる。たとえば暴力であれば、その行為自体が被害者の心と身体を傷つける。

もう一つが、侵襲を受けた後に新たに生じる不利益で、「二次被害」と呼ばれる。性的被害においてはとくに「セカンド・レイプ」と称される事態である。

暴力を受けたことが周囲の人に知れわたることによって、自分自身に不利益が生じる。加害者を含めた社会的なリアクションのなかで生み出される苦悩といってよい。暴力被害の当事者として色眼鏡で見られ、ときには被害者本人にこそ問題があったとバッシングされてしまう。

上記の事案においては、セクハラ被害に遭った記者は、実名までさらされて好奇の目で見られ、そのうえ政治家や官僚さらにはネットユーザーからは心ない言葉を投げつけられ、また非難されている。まさに二次被害の連続である。

じつは私が児童虐待の研究においてもっとも関心があるのは、二次被害を恐れて口を閉ざしてしまうなかで、被害者にはよりいっそう強烈な苦悩が生じるということである。

殴られたことくらい堂々と周囲に言えばよいと思うかもしれないが、被害者は往々にして口を閉ざす。自分の家庭が惨《みじ》めなように思われたくない（あたたかい家庭で過ごしていると思われたい）、殴られたのは自分に落ち度があるからと評価されたくない、虐待を受けたことが恥であると感じる、親からの報復が怖い、そういった心情が被害者をして、一人でその出来事を抱え込むようにさせる。

性的虐待の被害者の声を綴った書として話題を呼んだエレン・バスとルイーズ・ソーントン編の著書（1983年）のタイトルは、"I Never Told Anyone: Writings by Women Survivors of Child Sexual Abuse"（邦題『誰にも言えなかった：子ども時代に性暴力を受けた女性たちの体験記』森田ゆり訳、築地書館）である。

性被害者はまずもって、被害を口にすることにためらいをもつ。こうして、一人で悩み、苦しみつづける。その意味で、二次被害とは、被害者に対する他者からの攻撃が具現化した場合だけではなく、他者からの攻撃が具現化するのを回避しようとする場合にも生じる。

虐待を受けている子どもが、学校では健気《けなげ》に、何事もないかのように振る舞うことは、よく知られている。元気な優等生が、じつは家庭内では毎日のように親からの暴力で苦しんでいるというのは、珍しい話ではない。

大学で優秀な成績を収めている学生が、夜な夜な家を飛び出して公園で大泣きしながら親友に電話をかけた。親からの心理的暴力・暴言に耐えきれず、逃げ出したのだという。

家のなかには王様（父親）がいて、あとはみな命令されたとおりにしか動けない奴隷のような世界。私がこの話を耳にしたとき、あの明るく優秀な学生が、人知れず悲惨な環境に置かれていたこと、そしてそのことが外部からはまったくわからなかったことに、愕然《がくぜん》とした。

助けを求めるべき事態であるにもかかわらず、助けを求めることができない。その背景の一つには、被害を表沙汰にしたときに、自分にいったい何が降りかかってくるか、想像がつかないことがあげられる。そして実際に私たちは、財務省事務次官のセクハラ発言において、その想像がつかない世界の具体例を目の当たりにしたのであった。

学校の事後対応　捏造される事故報告

財務省事務次官のセクハラ事案において、権力者側に立つ事務次官本人を含め財務省関係者らが何とか火消ししようと発言を重ねるたびに、私には、これまでに出合ってきた学校事故・事件における学校側の対応が思い起こされた。

1994年のこと、兵庫県たつの市立の小学校に通う6年男児が担任教諭に頬《ほお》や頭を何度も殴られた一時間後に、自宅の裏山でみずから命を絶った。文部省（当時）に対して市の教育委員会は、この事案を「学校管理外の事故死」「原因状況は不明」と報告した。検察が担任教諭を暴行容疑で略式起訴した際にも、また民事裁判においても教師の暴行が自殺の原因と認定された際にも（教師による体罰と子どもの自殺との因果関係が認められた全国初の判決）、市教委は、上記の報告事項を変更することはなかった。

大津市立の中学校におけるいじめ自殺事案（２０１１年）や、大阪市立の高校における体罰による自殺事案（２０１２年）が連日報道されるなかで、本事案もたびたび取り扱われ、結果的に市教委は態度を変えることとなった。２０１３年についに市教委は、事故死を自殺と改める訂正届を文部科学省に提出し、市の教育長は遺族に謝罪した。自殺から19年を経て、ようやく事実に沿った報告がなされたことになる（「毎日新聞」大阪夕刊、２０１３年3月21日付）。

学校事故・事件の被害家族は、学校の事後対応に苦しめられる。学校や教育委員会が作成する報告書に、その態度があらわれることもある。

中学校の柔道で、3年男子が顧問に投げられて急性硬膜下血腫《こうまくかけっしゅ》を発症した事例においては、保護者の意見が捏造《ねつぞう》された。

校長が教育長宛てに提出した「事故報告書」を、保護者が情報開示請求により取り寄せたところ、次のような記載があった――「柔道部の練習と傷病との間には直接の関係はないと、保護者から聞いている」と。

ここでいう傷病というのは、急性硬膜下血腫のことである。保護者はけっして、その傷病が柔道部の練習とは無関係などとは考えていなかったし、そう主張する理由もなかった。保護者が学校側に情報の開示を求めなければ、急性硬膜下血腫という事態は、柔道とは関係のない不慮の何かによって生じたことにされていた。保護者からの抗議を受けて、最終的に学校側は、その記述を削除した報告書を教育委員会に提出した（拙著『柔道事故』河出書房新社、第3章を参照）。

出来事を隠蔽《いんぺい》するどころか、捏造さえしてしまう。

これが、追い込まれた組織がときにとってしまう反応である。学校は日常的には、けっしてそのような悪事をはたらく組織ではない。むしろ子どものことを第一に考えてくれる組織である。それがひとたび重大事案に出くわしたとき、被害者の存在にまで思いをめぐらせることができず、自分たちの保身を優先し、被害者に対して無慈悲な対応をとってしまう。そこに、二次被害が生じる。

先ほどあげた財務省関係者の反応も、そんなふうに見えて仕方がない。マスコミが一斉にセクハラ発言を報じ、次々と自分たちに非難のまなざしが投げかけられるなかで、もはや被害者のことまでを慮《おもんぱか》ることもできず、保身に走る。こういう重大事態のときこそ、国の機関として人の痛みに向き合う姿勢を見せてほしいものである。

2．ハラスメントの何が問題なのか

ハラスメントに超党派で向き合う

#ＭｅＴｏｏ運動の盛り上がりとそれへの反発（バックラッシュ）を見るにつけて、セクハラがいかにセンシティブで感情を揺さぶる課題であるかがわかる。

だが本書が心がけてきたように、権力関係や対立関係を強調することも必要であるが、それ以上にハラスメント被害そのものに目を向けることが重要である。議論を二分するのではなく、超党派で改善策を探っていくべきであると、私は考える。

この考え方は、私自身が教員の働き方改革にたずさわるなかで、強化されてきたものである。

政府主導の働き方改革関連法案に注目が集まるなか（２０１８年６月に成立）、裁量労働制の拡大や高度プロフェッショナル制度の導入に反対の声をあげつづけてきた人たちがいる。私はこの1～2年の間、身内を亡くした多くの過労死・過労自死遺族と知り合った。たくさんの方々に出会ってしまうこと自体、この国の危機であるが、それでも蓋をされてだれの目にもふれられないよりは、まだマシだ。

遺族のなかには、教員の家族を失った人たちもいる。そのうちの一人である工藤祥子さん（「神奈川過労死等を考える家族の会」代表）は、「命の問題は超党派で取り組まないといけない」（「毎日新聞」神奈川版、2018年5月31日付）と強調する。人が過労で亡くなることに、与党も野党も関係ない。だれもが無念で、だれもが防ぎたいと願う事態であるからには、政治的対立を超えて皆が手を取り合う必要がある。

思い起こせば、2014年6月に制定された過労死等防止対策推進法もまた、超党派の議連によって議員立法として提出されたものであった。このとき、議連代表世話人の馳浩衆議院議員は「遺族の思いを真摯に受け止め、超党派で知恵を出し合った法律だ」（「産経新聞」大阪朝刊、2014年10月29日付）と述べている。

私自身も、まったく同じ思いだ。あなたが何者で、どこからやって来たのか、どの組織に所属しているのか、そういったことは、子どもや教師の安全・安心を考えるにあたってそれほど重要なものではない。

党派を超えた組み体操の安全対策推進

第2章でとりあげた巨大組み体操について、国政においてその安全対策を求める動きもまた、超党派の議員によるものであった。

２０１４年以降、組み体操を問題視する世論が拡がるなかで、国の動きはけっして早くはなかった。国としては地方分権を重んじ、各教育委員会で独自に判断すべきと、いわば現場まかせの態度を貫きつづけてきた。

転機が訪れたのは、２０１６年2月に入ってからのことだ。超党派の議員有志が「組体操事故問題について考える勉強会」を立ち上げ、国政レベルでの動きが顕在化した。勉強会には、かつて文部科学大臣を務めた河村建夫氏（自民党）や平野博文氏（民主党＝当時）らも参加した。

そして勉強会が立ち上げられて2日後の衆議院予算委員会において、勉強会のメンバーの一人である初鹿明博議員（維新の党＝当時）が当時の馳文科大臣に「組み体操は中止すべきではないか」と質問したところ、大臣は、「重大な関心をもって、このことについて文部科学省としても取り組まなければいけない」と述べ、国として関与すべきことを明言したのであった。

2週間後には超党派の「学校管理下における重大事故を考える議員連盟」が結成され、さらにその1週間後には議連から文科省への申し入れがおこなわれた。なおこのとき、私がネット署名サイト「change.org」を通じて集めた、キャンペーン「『安全な組体操』の実現に向けて　馳浩文部科学大臣に組体操の段数制限を求めます」の署名簿（2万405名分）も、議連から馳大臣に手渡された。

それから約1カ月後、文部科学省が管轄するスポーツ庁は、全国の教育委員会に対して、組み体操の安全実施を求める通知（事務連絡「組体操等による事故の防止について」＝2016年3月25日）を発出した。新年度の5月の運動会に向けて各教育委員会が安全対策の準備を整えるためにはギリギリのタイミングであった。

この一連の動きの結果、第2章で示したとおり、事故は大幅に減少することとなった。政治思想の相違を超えて手を取り合うことで、大きな成果が得られたのである。

加害者の立場を前もって想定しない

政治思想を問わずに向き合うことの重要性は、先ほどの財務省事務次官によるセクハラ事案においても同じである。

ジャーナリストの江川紹子氏は、この事案が政治利用されることに対して、「この問題は親安倍か反安倍か、という次元ではなく、人権意識が高い人と低い人のせめぎ合いだと思います。与野党対決型の課題にすべきではありません」と警鐘を鳴らす。

セクハラは、人権問題である。どの政党を支持するかに関係なく、被害者の苦痛に耳を傾けなければならない。あなたが何者か、どのような政治思想をもっているのかを気にする必要はない。この社会に住まう人びと全員が、共通して取り組むべき課題なのである。

上記の発言につづけて、さらに江川氏はきわめて重要な視点を提示している。すなわち、「現状では、女性がセクハラの被害者になるケースが圧倒的に多いため、女性の権利や差別の観点から語られがちですが、本来は性別を超えた人権問題として向き合う姿勢が必要です」(「ＡＥＲＡ」２０１８年5月14日号)と。これは、本書の趣旨を理解してもらううえで、改めて強調したい視点である。

本書の主題「学校ハラスメント」は、けっして教師から子どもへのハラスメントのみを想定しているわけではない。

もちろん教師は、子どもにとってみれば、絶大な権力者である。その意味で、まずもって教師の振る舞いはつねに批判あるいは反省の対象とされなければならない。教師から子どもへの身体的暴力（いわゆる「体罰」）やセクハラは、まさに教師の行為や資質が厳しく問われるべき事態である。

2018年5月に明らかになった日本大学アメフト部における悪質タックルの問題も、同様である。一連の報道から見えてきたのは、日大選手のタックル以上に、アメフト部における監督やコーチの指導のあり方こそが悪質だったのではないかという見方である。

しかしながら、だからといって、最初から教師＝加害者と想定するのは、勇み足だ。最初から教師を責めようというならば、それはただのバッシングである。

セクハラ被害の「苦しみ」を出発点とする

学校のなかではさまざまなハラスメントが起きている。子どもが教師に暴力を振るったり、セクシュアルな言葉や誹謗中傷を投げかけたりすることもある。保護者が直接に面と向かって教師を罵倒することもあれば、教師集団のなかでは教師どうしのいじめや管理職からの嫌がらせもある。

加害者カテゴリあるいは被害者カテゴリをあらかじめ設定してからハラスメントを理解することは、できるだけ慎むべきである。具体的には、江川氏が主張したように、セクハラでは女性の被害だけを語ってはならない。また教育問題では、生徒の被害（つまり教師の加害）だけを語ってはならない。

私はけっして、男性や教師の加害を免罪したいのではない。実際に私が本書で扱うセクハラ事案は、基本的に男性教師から女子生徒に対するものである。その意味で、学校における典型的なセクハラ事案といえる。そして、典型的な例を出してしまうからこそ私は、加害者 - 被害者の社会的立場が事前に設定されてしまうことに警鐘を鳴らしたいのである。

私が目指したいのは、権力者をバッシングすることではない。立場上の優位性を利用して生徒を陵辱《りょうじょく》する「異常な教師」を非難し、カタルシス（精神の浄化）を得る――これでは、権力者＝加害者をバッシングして気持ちはすっきりするかもしれないが、当の事案にじっくり迫ることや、セクハラさらにはハラスメント全体を丁寧に理解することには到達できない。

さらに恐ろしいのは、子どもから教師へのハラスメント、女性から男性へのハラスメントといった、典型例から逸脱した事実が「消える化」してしまうことだ。私たちは、何かについて語っているとき、それとは別の何かについては語っていない。このことについて、自覚的であるべきだ。

ハラスメントの理解において重要なのは、その人が何者かというカテゴリから入っていくのではなく、人びとの苦しみに最優先で目を向けながらその理解の際にカテゴリに着目するという方法である。

安全や安心を求めて世に訴えかけるとき、「あなたは何者か?」という問いは不要である。そしてまた、事案を理解するときも、「あなたは何者か?」は脇に置いたほうがよい。カテゴリに縛られることなく、まずは人の痛みに目を向けて、それを皆で解決していくという姿勢が、大切である。

3. 加害者は何を語る

セクハラも「指導の一環」？

かつて、県立高校の運動部におけるセクハラ事案が、次のように報道された。

〈県立高校の男性教諭がセクハラ 「指導」 行き過ぎ認める〉

福井市内にある県立高校の男性教諭（38）が、顧問をしている運動部の女子部員数人に対し、セクシュアル・ハラスメント（性的嫌がらせ）まがいの「指導」を繰り返していたことが25日、県教委の調査で分かった。教諭は、わいせつ目的については否定しながらも、行き過ぎがあったことは認めているという。県教委は、さらに事実関係の調査を進め、懲戒処分の対象になるかどうかなどについて検討する。

（「毎日新聞」福井版、2000年10月26日付より一部抜粋）

この男性教諭は、相談に来た女子部員を自分のひざの上に座らせたり、女子部員の上着を脱がせて肩や背中をさわったりしたという。

言い逃れのできない悪質な行為であるものの、それでも教諭は言い逃れをしようとしたところに注目したい。教諭の説明によると、女子部員をひざの上に座らせたのは「精神的に慰めた」のであり、上着を脱がせたのは「筋肉の使い方を教えるため」であったと報じられた。

無理な言い訳に聞こえるけれども、記事にもあるとおり、これは「(性的嫌がらせ)まがいの『指導』」に近いもので、わいせつではなく、「行き過ぎ」た指導であり、県教委としては、教諭が懲戒処分の対象になるかどうかを検討するというのだ。

もう一件、同じような部活動中のセクハラ事案を、ここに取り上げたい。

〈浜松市教委　セクハラ行為　認定せず　教諭　2年経て文書訓告に〉
市教委などによると、男性教諭は自らが顧問を務めていた陸上部に所属する女子生徒に対し、07年10月から08年4月までに、部活の指導名目などで女子生徒と2人きりになり、車の中などで肩や頭を抱き寄せて話をしたり、生徒の手を握ったりしたほか、合宿中の宿泊先で生徒を深夜に自分の部屋に呼び、抱きつくなどした。こうした行為は少なくとも6回あったという。

（「読売新聞」東京朝刊、2012年7月31日付より一部抜粋）

先述の事例と、かなり似通っている。それは生徒に対する行為の中身だけではなく、教諭の言い訳についても当てはまる。市教委によると教諭は、わいせつ目的ではなく、「指導のフォローのつもりだった」と説明したという。

そして市教委はこの言い訳におおむね沿って、「不適切で行き過ぎた指導」として教諭の処分を文書訓告にとどめた。文書訓告とは、懲戒処分（免職／停職／減給／戒告）には当たらないもので、自治体によっては概要を公表しないところも多い。

翌日（2012年8月1日）の同紙の報道によると、市教委が教諭に聴き取ったところでは、教諭は一貫して「指導の一環」と主張したという。それを踏まえて市教委は、本事案は「指導の範囲内」のことであり、「生徒は最初、男性教諭の行為を指導として受け入れていた。男性教諭の行為は、行き過ぎた指導で、文書訓告とした判断は正しかったと考えている」と述べている。

「指導」の変容

さて、浜松市のケースについては、事案そのものが発覚した2008年4月から文書訓告の処分が下された2010年3月までに、記事の見出しにもあるとおり、2年の年月が経過している。そして事実が公表されたのは、そこからさらに2年が経過した2012年7月のことであった。時間がかかりすぎだと思うが、そのことは置いておくとして、この時間の経過が教育委員会関係者にもたらした見解の変化が興味深い。

市教委の教職員課長は、取材に次のように回答している。

課長は市教委が09年6月、教職員のわいせつ行為を防ぐ通知を出していることに触れ、「男性教諭の行為は通知が出る前だった。今思えば厳しく処罰されるべきだった」とも述べ、「時代的にも厳しくなっているので、今同じ行為があれば厳しく処罰される」との考えを示した。

（「読売新聞」東京朝刊、2012年8月1日付より一部抜粋）

つまり、２０１０年時点では文書訓告の処分にとどまったものの、２０１２年時点の方針からするともっと厳しい処分が下されるはずだというのだ。「指導の範囲内」だからと、セクシュアルな行為を容認するわけにはいかないということである。

この基準の転換は、今日のセクハラ事案対応を考えるうえで、きわめて重大な意味をもつ。

浜松市教委の見解にあるとおり、今日において教師から児童生徒に対するセクシュアルな行為を「指導の範囲内」だと定義することは困難である。教師と子どもとの間において、性的な関係はあってはならない。「指導」と呼ぶなど、もってのほかと考えられる。

「体罰」と「わいせつ」の語り方のちがい

なぜこのような、わかりきったことをここで述べるのかといえば、その理由はいわゆる「体罰」（身体的暴力）の語り方と比較したいからである。

体罰では今日の感覚においても、しばしば「指導の一環」という言い訳が通用する。２０１２年12月に発生した大阪市立桜宮高校の暴行自死事案においても、刑事裁判の初公判で顧問は、生徒への暴行の理由について「指導です。強くなってほしいと……」と当時の気持ちを述べた。

本気で、「あなたのため」と思って子どもに暴力を振るう教師がいる。言論の世界では「体罰なんて言語道断」という意見が多数派であるが、実際のところは、身体的暴力は「教育上やむなし」と考える教師も少なくない。体罰は「指導の範囲内」という意見が、いまも根強くある。

そう考えるのは、加害側の教師だけではない。被害を受けたはずの子どもの側も、「私のことを思ってやってくれたんだ」と、暴行をまさに指導の一環と意味づける。

2013年5月に朝日新聞社が3大学の運動部所属の学生を対象に調査（510名が回答、回収率は記載なし）したところ、「指導者と選手の信頼関係があれば体罰はあっていいか」との質問に対して「そう思う」「どちらかといえばそう思う」の回答が62％あったという（「朝日新聞」東京朝刊、2013年5月12日付）。

信頼関係があるという条件付きではあるものの、暴力を受け入れると考える学生が6割に達する。そして、体罰の影響（複数回答）については、「気持ちが引き締まった」が60％、「指導者が本当に自分のことを考えていると感じた」が46％と、肯定的な効果を支持する回答が多かったという。暴行はこのように往々にして、被害者をも「指導の一環」という意味づけに巻き込みながら、正当化されていく。

わいせつの語りが見落とすこと

その一方で、わいせつについては「指導の一環」「指導の範囲内」という主張は、今日基本的には通用しない。

実際に本書ですでに指摘したとおり、体罰事案に対する教育行政による処分はかなり甘く、一方でわいせつ事案に対する処分はとても厳しい。体罰では懲戒免職（いわゆる「クビ」）になることは皆無に等しいが、わいせつ事案では約半数が懲戒免職となる。これは、体罰が「指導の一環」と言い訳できていること、そしてわいせつではそんな言い訳が通用しないということを、意味している。

かつて、わいせつが「指導の一環」とかろうじて言い訳できていた時代にあっても、わいせつは体罰に先んじて、「指導の一環」という文脈から切り離されようとしていた。「処分事由の中で、相変わらず多いのが体罰とわいせつ行為である。体罰には厳しい指導が行き過ぎた結果もあろうが、わいせつ行為は教師にあるまじき行為である」（「産経新聞」東京朝刊、2002年12月27日付）という具合に。

逆にいうと私たちはいま、セクハラの報道を見聞きしたとき、それを「指導の一環」といった理屈で捉えられなくなっている。先にあげた2件のセクハラ事案がいずれも2000年（福井市）と2008年（浜松市）とやや古い情報であるのも、偶然ではない。文部科学省に報告されるわいせつの懲戒処分事案は増加傾向であるけれども、「指導の一環」といった語られ方の記事は、古い事案に多く見受けられる。

このような言論下においては、指導者本人の主観においては本気で「これは指導だ」と思いながら深みにはまっていくセクハラ事案を拾い上げることができなくなってしまう。私はそういう事案にこそ、教育の闇を感じている。

池谷孝司著『スクールセクハラ』

教師から児童・生徒へのセクハラを真正面から取り扱って話題を呼んだ書に、池谷孝司氏のその題名もまさに『スクールセクハラ』（幻冬舎、2014年）がある。本書の最大の功績は、これまでほとんど知られることのなかった、学校における子どもの性被害について、その実態を具体的に描き出したところにある。

裏を返せばこれはすなわち、学校のセクハラ被害はまだほとんど議論の俎上にあがっていないということである。これまでにも述べてきたとおり、ハラスメントそのものが当該集団のなかでしばしば隠蔽《いんぺい》される。そのうえセクハラにもなると、そもそもそれが性的な行為であるがゆえに、よりいっそう他者の目線から隔離された空間で実行される。また被害を受けた側がそのことを訴えようにも、二次被害を懸念して公にすることをみずから断念せざるを得ないこともある。

池谷氏は『スクールセクハラ』のなかで、複数の事案について、その具体的行為の内容のみならず、そこに至るまでのプロセスや各時点での当事者の思いを、取材により丹念に描き出している。取り上げられている事案では、被害者はいずれも女性である。他方で、著者の池谷氏は男性という立場に置かれている。それだけでも、被害女性への取材はけっして容易ではなかったと推察される。けれども、相当に丁寧な取材を重ねていったのだろう。被害女性の長きにわたる苦悩が、詳細に綴られている。

そしてとりわけ私が驚いたのは、そこに登場する当事者には、被害者だけでなく、加害者すなわち教師が含まれているということである。

私自身これまで学校の内外を問わず、さまざまなハラスメント事案の当事者に出会ってきた。基本的にそのほとんどの当事者は、何らかの「被害者」であった。

被害者はそもそも声をあげにくい状況に置かれているものの、覚悟をして自分に起きた出来事を誰かに打ち明けることがある。その一方で、個別事案において加害者がみずからの行為を誰かに吐露したり、公表したりするということは、めったにない。セクハラというただでさえ不可視化されやすい出来事において、加害者側の教師の声を拾ってきた池谷氏の功績は大きい。

小学生に恋をした

さて、『スクールセクハラ』の個別具体例を読んでいくと、教え子を性的対象とみなして、自分の性的欲求を満たそうとする教師の姿が見えてくる。これらは「もともと教師になったのが間違いだった」(88頁)とでも言うべき事態である。

一方で私が注目したいのは、第2章で描かれている事案である。そこには、「真面目に先生として勤めていたのに、ある時点から転落してしまった人、むしろ、生真面目ゆえに道を踏み外した人」、すなわち「熱心に接するあまり、慕ってくれる子どもの気持ちを自分への愛情と勘違いしてしまう人」(88〜89頁)としての加害者の姿が描かれている。

関東の小学校で25年にわたって教職に就いてきたベテランのA教諭は、教え子だった小学6年女児にホテルでわいせつ行為をして逮捕された。

いま振り返れば、母子家庭育ちの女児は、寂しさのあまりに父親的対応を自分に求めていたのだろうと、A教諭は考えることができる。ところが、女児が3年生のときに学級担任を受け持ってから3年後の逮捕に至るまで、A教諭はそうした冷静な判断を欠いて、気がつけば小学生の女児に恋愛感情をもつようになっていた。

3年生の夏休みが終わり2学期になったとき、女児は別の学校から転校してきた。友だちづくりが苦手で、転校当初はクラスメイトとのケンカが絶えなかった。女児はA教諭を独り占めしたがり、「私だけの先生でいて」といった手紙を渡してきた。

女児はお弁当をつくってきてくれたり、毎日のように「大好き」と手紙を書いてきたり、誕生日には「お金ないから」と手作りの「お手伝い券」「肩たたき券」「チュー券」をくれたりと、女児のその気持ちをA教諭はとても喜んだ。そして少しずつ、教師という立場を離れて女児に愛情を感じるようになり、深みにはまっていった。

「教育」との連続性

「小学生に恋愛感情を抱くとは思ってもみませんでした」(99頁)、「大人同士の対等な恋愛のように勘違いしました。十歳だから好きだったのではなく、好きになった相手が十歳でした」(95頁)というA教諭の言葉には、この事案の特質が端的にあらわれている。ある小学生が、毎日のように自分を積極的に慕ってくる。それに職務として応答するなかで、報われる自分がいる。その居心地のよさに無自覚なままに、共依存の関係性(お互いに依存し合ってそこから抜け出られない関係性)が強化されて、いつしか学校教育で想定される教師－子どもの関係性を超えた人間関係へと変容していく。

この共依存の関係性は、大人であり権力者である教師の側がみずからの専門性のもとにそれを統制し、解消すべきものである。だがA教諭のケースでは、そうした歯止めが作動しないまま、事態が悪化していった。

女児が母子家庭であるがゆえに、A教諭に父親的役割を求めていたのだとすれば、それは広くは児童福祉・児童養護の分野で指摘されている人間関係の再現性の観点から留意されるべき状況であった。すなわち、家庭における愛着の欠如や暴力的な関係性が、家庭外の施設に持ち込まれる。子どもが職員にやたらと甘えてきたり、一方で挑発的な態度をとったりする。

そうした子どもの行動に対しては一歩引き下がって冷静に受け止めながら、指導や教育を考えていかなければならない。だが、ともすると専門職であるはずの指導者自身がその人間関係のなかに巻き込まれてしまう。

ここで私が強調したいのは、「大人も一つまちがえれば、子どもに恋をする」ということではない。この事案が、「教育」の延長上に起きたということである。

小学6年生とホテルに入るということは、非教育的なあるまじき行動である。だがその元をたどっていくと、教育的な営みのなかで、教育者としてしっかりと子どもに接しようという教師の姿が見えてくる。「非教育的」を強調するよりも、むしろ「教育的」であることに着目し、教育との連続性の観点から、セクハラをとらえなおす必要がある。

「スキンシップ」という言い訳

先述のとおり、学校におけるわいせつ行為もかつては「指導の一環」として語られることがよくあった。ちょうどいまでも、教師から生徒への身体的暴力（いわゆる「体罰」）については、「指導の一環」という言い訳がしばしば主張される。それを思えば、セクハラもまた加害者本人においては本気で「指導の一環」と解釈されて深刻化していくことが懸念される。

2018年の夏、三重県の高校で男性教諭が自校の女子生徒にわいせつ行為をしたとして、停職6カ月の処分を受けた。報道によると教諭は、部活動の指導後に女子生徒をひざの上に座らせて顔や腰を触ったとされる。教諭は、「生徒から部活動などの悩みを聞くうちに、元気づけ、励まそうと思った」と話しているという（「朝日新聞」名古屋朝刊、2018年8月17日付）。報道だけでは、当の教諭の言葉がどこまで本気なのかはわかりかねるが、「悩みを聞く」「元気づける」「励ます」と、短いコメントのなかに、いかにも教育的なフレーズが並んでいることに気づかされる。

学校におけるわいせつ事案の報道を追っていくと「指導の範囲内」「指導の一環」を象徴する、とある一つの言葉がしばしば目に入ってくる。

その言葉とは、「スキンシップ」である。新聞各紙では、「スキンシップが行き過ぎた程度」（「読売新聞」西部夕刊、1992年9月22日付）、「わいせつの意図はなく、スキンシップのようなもの」（「毎日新聞」東京朝刊、2003年10月29日付）、「児童との距離を縮めるために、スキンシップは必要と考えていた」（「東京新聞」朝刊、2016年12月29日付）といった加害側の言葉が記載されている。「こじつけもいい加減にしてほしい」と言いたくなるかもしれないが、『スクールセクハラ』を読み終えたいま、じつは加害側の教師は本気でそう思っているのではないかと考えてみることも重要である。

けっして、セクハラの加害者である教師を免罪しようというのではない。「非教育的」だと教師を責め立てているだけでは、セクハラへと向かっていく現実の一端をとらえ損ねてしまう。教育者が陥ったリアルな過程を「見える化」することは、次に同じことが起こらないようにするための、重要な注意喚起になり得るのだ。

4. おびえる教師のいま

学校内で教師が盗撮

わいせつ行為に対する教育界の反応は、よい意味でずいぶんと厳しくなった。「スキンシップ」など、通用しない。

本章を締めくくるにあたって最後に、このような厳しさが、一方で窮屈な現実をもたらしているということを、教師目線から記したい。

2018年3月のこと、全国大会の常連として知られる女子バレー部の男性顧問が、勤務する高校の女子トイレで生徒を盗撮したとして、県の教育委員会により懲戒免職の処分を受けた（「千葉日報」2018年3月21日付）。

2017年11月下旬頃から2018年1月にかけて少なくとも3回、自校の女子トイレで、個室に入った女子生徒の姿をスマートフォンで盗撮したという。発覚のきっかけとなった1月の事案においては、自身が担当する保健体育科の授業中、備品を取りに行くために持ち場を離れた際に、盗撮行為に及んだとされる。女子生徒と保護者、学校が県警に相談したとのことであるが、続報がないため、その後の警察の対応については不明である。

この一連の盗撮事案は、女子バレーの強豪高校において、しかも授業中に盗撮行為が実行されたとのことで、わりと大きく報道された。「週刊女性」では、「欲望丸出し教師、授業を抜け出し女子トイレを盗撮！」（2018年5月8・15日合併号）と断罪された。

自分の職場で教え子を盗撮するとは、大胆な犯行である。こうした学校内の事件に限ってみても、教師による性的な盗撮については、多数の事案が明らかになっている。

埼玉県では、公立中学校の男性教諭が、勤務する中学校の女子トイレに盗撮目的で侵入したとして、2018年の7月に懲戒免職処分を受けた。教諭は5月に、録画状態のスマートフォンを女子トイレの個室に設置し、建造物侵入容疑で県警に逮捕されたという（「読売新聞」東京朝刊、2018年7月13日付）。

この他にも、奈良県の公立小学校では、男性教諭が自校の女子トイレの個室に侵入し、小型のビデオカメラを仕掛けて盗撮をおこなった。カメラには複数の児童が映っていたという（「読売新聞」大阪夕刊、２０１８年2月15日付）。

また大阪市では、２０１８年に市立中学校の男性教諭が、自校の体育館の女子トイレに侵入したとして、建造物侵入容疑で逮捕された。女子トイレに自身のスマートフォンを仕掛けたとされる（「産経新聞」大阪朝刊、２０１８年3月20日付）。

ここ1～2年の事案を調べただけでも、学校の敷地内において男性教諭が女子生徒をスマートフォンやビデオカメラで盗撮したというケースが次々と見つかる。これらの事案に関しては、「指導の一環」という理屈は、どう考えても通らない。子どもを守るべき立場にある教師が、自身の性的欲求を満たす対象として子どもを利用している。

ここまで見てきた事案はいずれも、女子トイレが犯行の現場であった。女子トイレの個室は、他者の視界が遮られたプライベートな空間である。そこが狙われた。

だが、盗撮はそうした限られた空間でのみ起きるわけではない。事案の紹介は省略するが、更衣室や保健室で盗撮がおこなわれたケースも多くある。そして、子どもが学校生活においてもっとも長い時間にわたって居つづける教室が、盗撮の現場となることもある。

埼玉県では公立小学校の男性教諭が、2017年に勤務先の小学校で盗撮したとして、懲戒免職となった。教室内で児童が体育着に着替える際などに、低い位置にカメラをかまえて撮影したとされる（「朝日新聞」埼玉版、2017年12月7日付）。

愛媛県では私立中等教育学校の男性教諭が、盗撮をしたとして2017年に逮捕されている。勤務校の教室で2015年に、女子生徒のスカート内をスマートフォンの動画で撮影したという、県迷惑防止条例違反の容疑である（「愛媛新聞」2017年5月16日付）。

もはや、トイレに入ったときだけ気をつければよいというわけではない。学校のあらゆる日常空間が、盗撮の現場になりうる。

盗撮の疑いにおびえる

さて、上記の愛媛県の私立校における事件の報道について、私は記事の最後の文言に目が留まった。学校側では、「教員には教室にスマホなどを持ち込まないよう指導している」というのだ。

生徒がスマートフォンを学校や教室に持ち込むことについてはこれまで、ネット上でのいじめや、各種犯罪行為への接触など、携帯電話が媒体となって生じる問題への対処として、基本的にはその持ち込みを認めるべきではないという意見が先行してきた。

2009年1月30日の文部科学省初等中等教育局長による通知「学校における携帯電話の取扱い等について」には、小中学校については、「例外的に持込みを認めることも考えられる」ものの、「携帯電話は、学校における教育活動に直接必要のない物であることから、小・中学校においては、学校への児童生徒の携帯電話の持込みについては、原則禁止とすべきである」と記されている。

そして高校については、持ち込み禁止とはされていないものの、「携帯電話は、学校における教育活動に直接必要のない物であることから、授業中の生徒による携帯電話の使用を禁止したり、学校内での生徒による携帯電話の使用を一律に禁止したりするなど、学校及び地域の実態を踏まえ、学校での教育活動に支障が生じないよう校内における生徒の携帯電話の使用を制限すべきである」と示されている。

ところがその一方で、愛媛県の例のように、教師がスマートフォンを教室に持ち込むことについても禁止したほうがよいとの声があがっている。

実際に私が知る公立小学校の男性の先生2名も、授業中にスマホを子どもの目の前には出さないようにしているという。2名の先生はそれぞれ別の県に勤務しているものの、スマホの管理方法はほぼ同様であった。

スマホを子どもの視界に入れない理由は、両名とも盗撮の疑いにおびえているからである。「スマホを子どもの目の前に出して画面を操作したときに、そのことを仮に子どもが保護者に言ったとします。すると保護者は、『盗撮しているかも』と思ってもおかしくないでしょう」と嘆く。

「李下に冠を正さず」の結果は…

「李下に冠を正さず」(スモモの木の下で、冠をかぶりなおそうと手をあげると、スモモを盗んでいるように見えてしまうことから、そうした誤解を招くような行動は避けたほうがよい)という観点からすると、スマホは子どもの目の前に出すべきではないだろう。盗撮の疑いを避けるためのリスクマネジメントとして、これは有効な方法といえる。

ところが、その結果として先生たちが何をしているのかということを、読者の皆さんにぜひとも知ってもらいたい。

2人のうち1人は、そもそも教室にスマホを持ち込んでいない。そして、何か調べものをすることを想定して、あらかじめ紙の辞書や参考図書・資料を教室に置いておくのだという。言葉の意味を調べるときには国語辞書を取り出してきて、紙のページをめくる。

紙の辞書で対応できるならまだよいが、ネット検索の助けを借りたいときにはパソコンを起動させる必要がある。だが、その教室にはパソコンが設置されていないため、教員共用のノートパソコンを持ち込まなければならない。なかなか面倒な事態である。

もう1人の先生は、タブレットとスマートフォン（いずれも私物）の両方を教室に持ち込んでいる。そして、スマートフォンは子どもの視界に入らないところに置き、タブレットを堂々と出して使っている。

ただし、教室に無線LAN接続の環境が整っているわけではない。ここでスマートフォンが活躍する。何か調べたいときには、スマートフォンのテザリング機能を使って、タブレットをネットに接続するというのだ。

そもそもタブレットであっても、動画や静止画の撮影はスマートフォンと同じようにできるはずだ。そんなことは誰もがわかっている。だが、タブレットであれば子どもの前に堂々と出しても問題はないというのが、学校の空気だという。

スマートフォンを取り出して調べればすぐに済むことが、どうにも面倒なことになっている。盗撮の疑いを回避するというリスクマネジメントの結果が、授業の効率低下を生み出している。まるでＩＣＴの時代に逆行するかのような流れである。

教員一人ひとりに校務用のタブレットが供給されて、各種ファイルやアプリケーションの管理が徹底されれば、事態は変わるかもしれない。いつまで待てば、そのような時代がやってくるのだろうか。
・ｉＰｈｏｎｅの画面をプロジェクタ経由で黒板に投影して授業をおこなう「Ｋｏｃｒｉ」というアプリケーションがある。そのプロモーション動画には、教師が「今日ね、先生、おうちに咲いている花を、ちょっと持ってきました」と言って、私物らしきスマホを取り出して、花の画像を黒板に映し出す姿が映っている。さらに、教室にある花や生徒のノートなどをその場でカメラ撮影し、黒板に映し出して授業することもできるらしい。
スマートフォンの使用に怯える教師と、スマートフォンを積極的に教育活動に取り入れる教師。時代はどこに向かおうとしているのか。目がくらむような思いになる。

第4章

部活動顧問の嘆き

——「やって当たり前」の悲劇

1. 改革が始まった

部活動は誰にとっての問題なのか？

部活動改革の議論が、この数年で急激な盛り上がりを見せてきている。

改革とはいっても、部活動をもっと盛り上げようという明るい改革ではない。部活動が苦しいから、それをなんとか改善したいという切実な声による改革である。そして、この「切実な声」とは、生徒からの声ではない。部活動を指導する教員からの声である。部活動指導という業務があまりに負担が大きすぎるということだ。

教員目線からの「ブラック部活動」が話題になる以前、部活動問題といえば、身体的な暴力や過剰な練習という生徒の損害を訴えるものが主流だった。本書でも第1章の体罰の事案では、部活動時の生徒の被害をとりあげている。

「体罰」の事案では、生徒＝被害者、顧問＝加害者である。部活動に関わるハラスメントは、これが基本的な構図である。教育が子どもの成長を促す装置であるからには、まずもって生徒の被害を受け止める姿勢を忘れてはならない。

だが他方で、そうした議論の常識によってかき消されてしまうハラスメントにも着目しようというのが、本書の趣旨であった。だから、本章では教師の苦悩に注目しながら、「ブラック部活動」の問題に光を当てたいと思う。

いま話題になっている「ブラック部活動」を世の中に認知させたその主役は、「部活問題対策プロジェクト」の先生たちである。

全国に散らばる若手・中堅の教員6名（匿名）が集まり、2015年12月にネット上で活動を開始した。もともとはそれぞれにブログやTwitterを開設して、教員の部活動負担の問題を訴えてきた先生たちが、部活動改革をより大きなムーブメントにすべく、個々の力を一つのウェブサイトに結集させたのである。

部活問題対策プロジェクトの活動は、まもなくしてマスコミにも知られることになった。プロジェクト発足2カ月後にテレビ番組や全国紙で活動が報じられ、その後もさまざまな媒体からの取材が続き、プロジェクトは部活動改革の旗手として啓発活動を展開してきた。

これまでの取り組みでとくに関心を呼んだのは、「change.org」を利用して実施された署名活動である。一つが「教師編」として部活動の指導が教員に強制されること、もう一つが「生徒編」として部活動への参加が生徒に強制されることについて、選択権の確保を求めて、署名を集めてきた。

後段で詳しく述べるとおり、部活動というのは生徒にとっても教員にとっても、義務的な活動ではない。9教科の授業とは、まったく性格が異なるものである。

だが、現実には生徒も教員も半ば強制的に部活動に関わっている。ここにプロジェクトは斬り込もうとしている。2018年12月現在、「教師編」では約3万4千筆、「生徒編」では約1万5千筆が集められており、署名簿は2016年3月の時点ですでに文部科学省に直接手渡されている（署名の受け付けは現在も継続中）。

世論からの乖離

2017年4月末のこと、部活問題対策プロジェクトに次いで、現職の教員による連携活動が、新たに立ち上げられた。「部活改革ネットワーク」という組織で、約60名の教員が登録されているという（2017年6月末時点の情報）。部活動問題に関心のある全国の教員をつなぐことで、情報と知恵と戦略を共有し、学校現場からの部活動改革を目指している。部活問題対策プロジェクトが少数精鋭による世論構築の活動であるとすれば、部活改革ネットワークは多くの教員による草の根的な世論拡散の活動である。

その設立趣旨に目を通すと、今日の学校現場における部活動問題の立ち位置が見えてくる。

現在「部活問題」が世の中を賑わしています。しかし残念ながら多くの学校現場では、この問題について議論すらされていません。教育行政も、抜本的な改善をしてくれていません。（略）私たち志ある教員は、密かに手を取り合う事にしました。現在私たちは、日々情報交換をしています。望まないブラック部活にどう対処すればよいのか、考え合っています。

これほど世論が盛り上がっていながらも、学校現場では部活動に関する議論もなく日常が過ぎているという。そこで学校現場から部活動改革を立ち上げるために、情報を交換し、戦略を練ることが必要なのだ。

学校現場では、「部活動を指導してこそ一人前の教師」という信仰が強い。夜は遅くまでそして土日も練習。そうしてこそ「熱心な先生」「生徒思いの先生」と評価される。世論がどれほど部活動指導のあり方がおかしいと訴えても、肝心の本丸は何事もなかったかのように日々が過ぎていく。なんとも恐ろしい状況であり、「ブラック部活動」と言いたくなるのもよくわかる。

部活動一色の学校文化

私はこれまでに何度か、部活動の問題に関する記事を、ネット上に発表してきた。2017年の夏には『ブラック部活動』（東洋館出版社）という本も出版した。それを受けた反応として、私がさまざまな場面で見聞きするのは、「内田は部活動全廃論者だ」という指摘である。

もちろん私は、部活動の全廃を提案したことは一度もない。

ちょうど私たちが身体をケガしたときにその部分を治療して健全な身体活動を取り戻すように、その営為に付随する負の部分を改善さえできれば、むしろそれは以前よりももっと意義のあるものになっていくと考える。いまある問題を改善することで、部活動をよりよいものにしていくことこそを目指すべきである。だから私は、部活動の全廃を掲げる人たちには「何とかして、部活動を残していく方法を考えましょう」と返している。

何らかの問題が提起された際にそれに対して違和感を覚えると、私たちはその意見を

「極論」とみなして、一蹴してしまいがちである。そうした反応の最大の問題点は、提起されたはずの問題が宙に浮いてしまうことだ。議論されるべき問題は見過ごされ、直感的な批判だけが交わされる。

ここまで極端ではないとしても、部活動改革に対する教員の抵抗感は根強い。

部活動関連の話題で教員組合主催の講演会に招かれるとき、しばしば主催者は、私にこっそりとこう耳打ちしてくれる――「組合員のなかには、部活動が大好きな先生もいらっしゃるので、その点はご留意ください」と。組合の事務局としては、「ブラック部活動」に斬り込む私の話を聴きたいから私を招いた。だが、組合員のなかにはそれに反発しかねない人たちがいるのだ。

労働問題の改善のためにまとまっているはずの組合といえども、部活動に限っていうとその構成員は分断されている。ましてや、先述の部活改革ネットワークの設立趣旨が明らかにしてくれたように、日常の職員室ともなれば、いまだそこは部活動への賛意一色なのである。

これまで、部活動は学校にあって当たり前の風景であった。多くの学校で、教員も生徒も皆が部活動に関わることが、慣例として続いてきた。もはや部活動は教員文化の血肉となっている。

部活動改革を望む者にとって、毎年4月というのはとてもしんどい季節である。なぜなら、まさにその分断の一端が露呈しかけ、そこで弱者が涙を呑《の》むということがあちこちで起きるからだ。

実際に２０１８年の4月も私は、部活動指導の負担軽減や辞退を申し出た先生たちから、「敗北」の声をたくさん聴いた――「校長から、『部活動が嫌なら、小学校に異動したほうがいい』と言われた」「飲み会の席で教頭に、『部活は大事だ。やりたくないなら、教員やめたほうがいいよ。若いうちならやり直せる』と忠告された」と。

私の活動拠点である愛知県では、「小学校に異動したほうがいい」というのは、管理職から部活動改革派の先生に投げかけられる典型的なセリフである。愛知県の公立校では、小学校と中学校の間を異動することが頻繁にある。だから、部活動の指導を望まないことはすなわち、中学校教員としてやっていけないと評価され、「小学校に異動したほうがいい」と提言されるのだ。

部活動は、先生の本務ではない。部活動のことで学校種が決められてしまうというのは、あまりに理不尽な話である。

これは十年前の話ではない。2018年4月の話だ。世の中がどれほど教員の部活動負担を問題視しても、学校内部では、そこには目を向けず、パワハラによって抑え込んでしまう。パワハラは、個人的な苦悩を引き起こすだけではなく、教育界あるいは社会全体の問題に蓋《ふた》をする作用もある。

部活動の持続可能性

部活動について考えようとすると、直感的なレベルにおいて反発が生まれてしまう。それが、私を「全廃論者」とみなし、組合構成員においてでさえ改革派と現状肯定派を生み出し、職員室においては改革派の声に蓋をしている。

「全廃論者」と称される私は、大学教員として、とても残念に思っていることがある。それは、大学への入学者が部活動をつづけてくれないのだ。

全国大会を目指して熱中したはずなのに、大学ではもうつづけない。「せっかく頑張ったのに、もったいない」と嘆くと、「もう十分にやりましたから」と答えが返ってくる。もはや燃え尽きているようにさえ感じられる。

中学校や高校の先生は、部活動の意義をよくこんなふうに語る――「部活動の生徒とは卒業後も付き合いがつづくことが多いんですよ」と。生徒と教師との何にも代えがたい絆が醸成されるというのだ。

中高の先生にとっては、盛り上がって3年間を満足に終えることができれば、それでよいのかもしれない。だが、大学教員は、その残念な結末を目の当たりにするのだ。

高校から大学に進学する際に、どれくらいの生徒が部活動から離脱するのか。

その全国の実態はよくわからないものの、いくつかの調査結果から実態の一端をつかむことができる。

九州大学における2015年6月の調査では、体育の授業に参加した1年生のなかで、高校時代に運動部に所属していた535名のうち、大学でも運動部に所属しているのは209名（39・1％）である。大学に入った時点で、約6割は運動部から離脱している（須﨑康臣・入部祐郁・杉山佳生・斉藤篤司、2016、「大学における運動部の実態調査」『健康科学』第38巻：33〜41頁）。

また、やや古い調査ではあるものの、関東圏の4大学（千葉大学、帝京大学、青山学院大学、東京工芸大学）で2002年7月に1年生を対象に実施した調査（有効回答数604）では、高校時代に運動部に所属していた者のうち30・9％が、大学に入ってからも運動部に加入したという。ここでは約7割の離脱が認められる（浪越一喜・藤井和彦・谷藤千香・井﨑美代、2003、「運動部活動経験が大学生のスポーツ生活に与える影響」『千葉大学教育学部研究紀要』第51巻：129〜136頁）。

高校では運動部に所属していたものの、大学に入学するや6〜7割が運動部から離脱していく。高校生のスポーツ活動は、持続可能なものではなく、大学入学時に途切れてしまうのだ。

せっかく学校で経験し夢中になったのであれば、それを一生涯のものにしていくことが望ましい。すなわち、部活動の「持続可能性」（サステナビリティ）を高めなければならない。

それは必ずしもスポーツや文化活動の拡大や充実を目指すというわけではない。拡大や充実はともすれば過熱となって、その参加者を疲弊させたり、活動の目的を見失わせたりする。そうではなく、とりわけ教育機関においては、長期的なスパンで生涯学習の観点から、スポーツや文化活動への参加が模索されなければならない。

部活動改革の出発点「真由子先生」の経験

読者の皆さんは、「真由子先生」をご存じだろうか。

先に紹介した「部活問題対策プロジェクト」のメンバーであり、今日の部活動改革の出発点となるブログ「公立中学校　部活動の顧問制度は絶対に違法だ!!」を立ち上げた先生である。部活動改革のとりわけ黎明期《れいめい》期におけるカリスマ的存在であり、ブログは２０１５年に「ライブドアブログ　OF THE YEAR 2015」の「話題賞」を獲得している。

真由子先生の主張は、ブログ名に端的に表現されている。すなわち、教員は部活動顧問を引き受けるべき理由がないということである。その詳細は後段にゆずるとして、まずは２０１４年４月８日付のブログ記事を紹介したい。

真由子先生は、新年度が始まる前に、部活動顧問を引き受けないことを決意して、書面にて自分は部活動顧問を辞退したい旨を、係の教員に伝えた。そして、新年度の職員会議に臨んだ。以下は、その顛末である（紙幅の都合上、意味内容を損なわないかたちで文章を大幅に割愛した）。

新年度の職員会議が開かれました。

たくさんの計画案が出される中、部活動の顧問担当者の提案もありました。そこには私の名前が、昨年度と同様の部活の顧問に決定したことが書かれてありました。会議は着々と進行し、部活動担当者が顧問の全容を伝え、着席しました。

その後、管理職が立ち上がり、「今年はこの顧問のメンバーでいきたいと思います。善意でやってもらっていることは重々わかっていますが、子どもたちのためによろしくお願いします」と言いました。そして管理職は「あくまでボランティアということを考えて、土日のどちらかは原則として部活を休むようにしてください」と付け加えました。

私はいろいろなことに疑問符が浮かび、納得できないことだらけで、全身が震える思いがしました。そのまま部活動の顧問の提案がスルーされそうな空気があったので、私は意を決して挙手をし、質問をしました。

私は「実質ではボランティアであるにもかかわらず、サービス残業を強いられ、部活終了時間まで帰宅することができない。これはおかしいのではないか」と質問しました。

管理職は「ボランティアであるのは重々分かっているが、子どもたちのためにやってほしい」と答えました。

私はなおも食い下がり、「口に出すことさえも憚《はばか》られるような状態にあるが、やりたくもないのに顧問になっている人がいる。全員で顧問を担当する制度は見直すべきではないか」と質問しました。

管理職は「たくさん部活がある中、全員で顧問を担当することによって休日を取りながら運営ができる。一部ではなく、全員で顧問を担当することに意味がある。今後も全員で顧問を担当する制度を継続していく」と答えました。

私はここで力尽きました。

私は今年度も部活の顧問を担当することに決定しました。私は職員会議において、自分なりに多くの質問をしました。物音一つしない殺伐とした空気の中、手足が痺《しび》れるような思いをしながら。

だけれども、同調者はただの一人もいませんでした。他の方々の表情を窺《うかが》い知る余裕はありませんでしたが、きっと異端者を見るような視線が多かったのでしょう。残念ですが、私一人の力ではここまでが限界でした。私の職場においては、私と同じ考えの方はいませんでした（もしくは、いるにはいるがその存在を消している）。

その日、その職員会議を終え、すべての力を使い果たしたようにぐったりとしました。少なくとも私の職場の環境では、今後も部活顧問を回避する術は見当たりません。


ハラスメントの典型は、「権力」を背景にしたやりとりである。そして真由子先生への対応も、権力と同調圧力をとおした無理難題の押しつけである。

このように私が言わなければならないのは、真由子先生の発言が、単なる「わがまま」と捉えられかねないからである。

多くの人が部活動は教員の正規の仕事だと思っている。つまり、教員としてやるべきことを真由子先生はやっていないと理解してしまう。いまや伝説の記事となっている毎日新聞の社説「部活動の顧問『真由子』はわがままか」（2014年11月3日付）は、まさにその点を「教員なら部活の顧問はやって当たり前で引き受けないのはわがままなのか」と問いかけている。

そもそも、真由子先生の記事にあるとおり、大多数の教員でさえそのようなスタンスである。「部活動指導をしてこそ、一人前の教師」だと信じている。だから、真由子先生の事案を検討するにあたっては、まずそれが個人の「わがまま」ではないことを理解すべく、部活動とはいったい何なのかに関する基礎的な視座が不可欠である。

2. 部活動が大好きだからこそ

「自主的」なのに「強制」される

ここで、ごく簡単に部活動の制度上の位置づけを説明しておこう。

国が定めた学習指導要領の総則において、部活動は「学校教育の一環」として、「生徒の自主的、自発的な参加により行われる」と記されており、部活動は「教育課程」には含まれないものと位置づけられている。

この「教育課程」というのは、学校の教員であれば誰もが知っている言葉で、学校教育法施行規則では、中学校の場合、次のように規定されている。

第七十二条 中学校の教育課程は、国語、社会、数学、理科、音楽、美術、保健体育、技術・家庭及び外国語の各教科（略）、道徳、総合的な学習の時間並びに特別活動によって編成するものとする。

平たく言えば、「教育課程」とは学校で必ずおこなわれるべき事項である（編成主体は学校）。そして上記にあるとおり、その事項のなかに、「部活動」は含まれていない。教育課程に含まれないということは、部活動は学校で正規に提供される教育内容ではない。部活動は、学校で実施してもしなくてもよい活動である。

だからたとえば、部活動を休んだときのことを思い起こすとよい。病院に行くという理由で休んでも、それが学校の記録に正式に残ることはない。他方で授業を休むと、当然それは記録される。授業は教育課程内だからである。部活動の法制度上の基盤は、じつに脆《ぜい》弱《じゃく》である。

部活動は生徒にとって自主的な活動である。だが現実には、生徒全員の強制加入となっている場合が少なくない。スポーツ庁の「平成29年度『運動部活動等に関する実態調査』集計状況」によると、公立中学校では、全体の32・5％において、生徒全員の入部制をとっている。全国の約3分の1の中学校は、自主的な活動であるはずの部活動への参加を強制している【図表8】。

さらにこれを、人口集中地区と非人口集中地区にわけてみると、その差は大きく、前者が18・3％にとどまっているのに対して、後者は半数近くの44・8％に達する。都市部では部活動入部の自由度は高いが、非都市部では強制入部の文化が根強いと言える【図表9】。

また、強制ではなくても大多数の中高生が部活動に所属している。

スポーツ庁が2016年度に全国体力テストに合わせて実施した調査によると、中学2年生において男子は運動部に78・2％、文化部に8・2％、女子は運動部に57・7％、文化部に32・5％が所属している。男女ともに加入率は約9割に達する（スポーツ庁「運動部活動に関する調査結果の概要に係る基礎集計データ」）【図表10】。

先に述べたとおり、大学に入ると急に部活動への参加率が低くなる。このことを考えても、中高生の高い加入率は自主的な参加によって成り立っているというよりは、その背後に「加入して当たり前」という半ば強制的な感覚が多くの生徒に共有されていると推察される。

改めて考え直してみると、部活動において「自主練」というメニューがあることは、不思議である。朝練や昼練、夜遅くや日曜日やお正月休み・お盆休み中の練習などは、しば

図表8 部活動加入は強制か希望制か

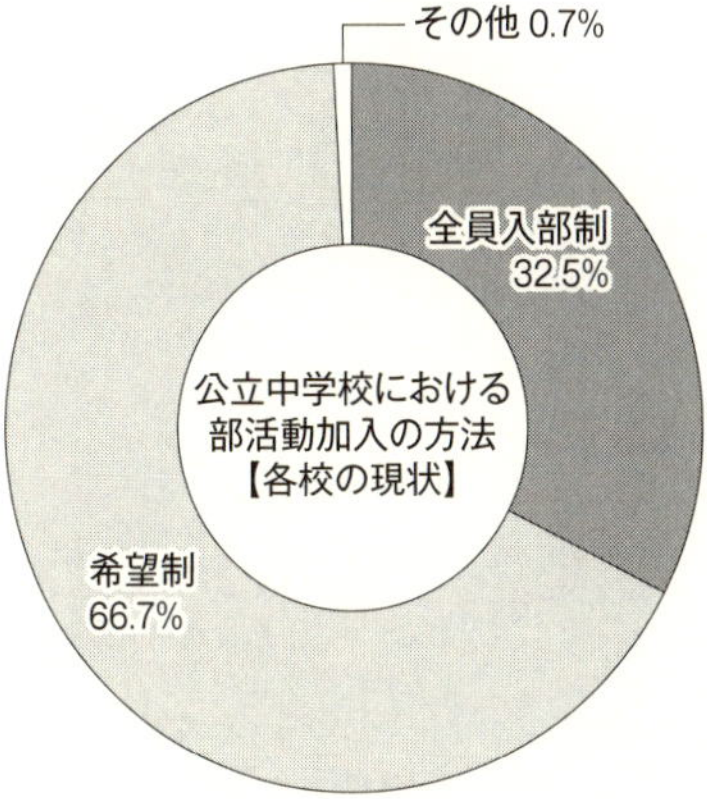

※スポーツ庁「平成29年度『運動部活動等に関する実態調査』集計状況」をもとに筆者が作図

図表9 部活動加入は強制か希望制か

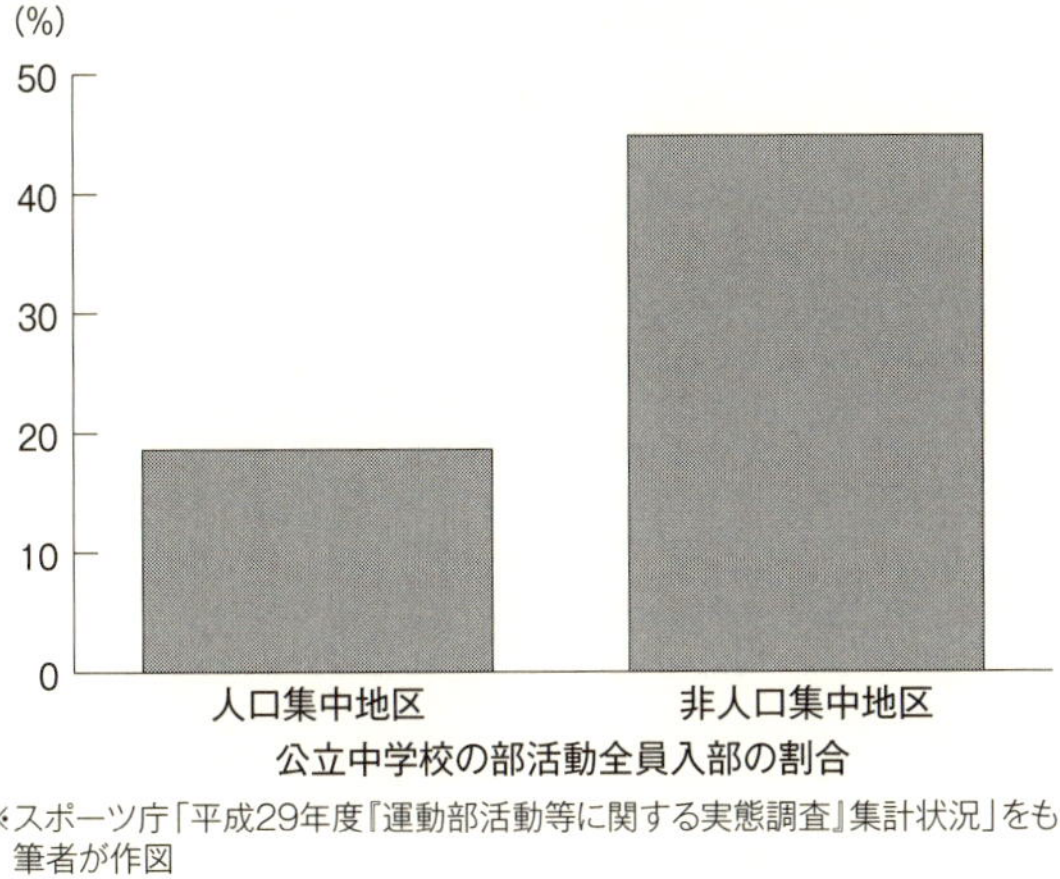

※スポーツ庁「平成29年度『運動部活動等に関する実態調査』集計状況」をもとに筆者が作図

しば「自主練」という名のもとに実施される。

だが、そもそも部活動自体が自主的な活動であったはずだ。そして、その自主練に顧問教師はもちろんのこと、生徒もほぼ全員が集合する。部活動における「自主的」というのは、いったい何のことだったのか。このとき、とりわけ本当はもっと休みたいと思っている生徒にとっては、実質的な練習の強制や加入の強制は、もはやハラスメントと言ってよい。

しかもそれが、「自主的」という（なんとも胡《う》散《さん》臭い）フレーズのもとでおこなわれているという点が、まさに教育活動におけるハラスメントの「見える化」

図表10 中学生における運動部・文化部の加入率

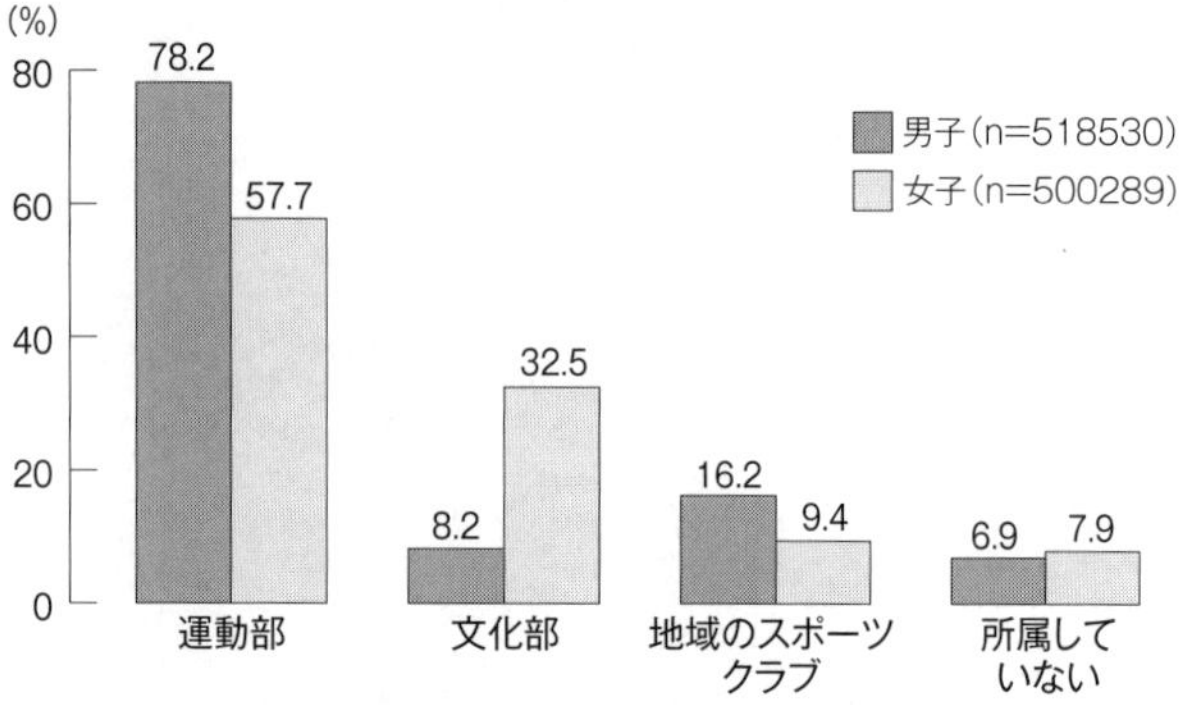

学校の部活動や地域のスポーツクラブに所属していますか。
当てはまるものを全て選んでください。

※スポーツ庁「運動部活動に関する調査結果の概要に係る基礎集計データ」2016年度より転載

を難しくしている。

強いられる顧問就任

部活動の強制は、生徒にとってだけではなく、教師にとっても問題である。

中央教育審議会の「学校における働き方改革特別部会」で1年半にわたって議論されてとりまとめられた答申「新しい時代の教育に向けた持続可能な学校指導・運営体制の構築のための学校における働き方改革に関する総合的な方策について（素案）」には、教員にとっての部活動業務は、「学校の業務だが、必ずしも教師が担う必要のない業務」と位置づけられ、次のように説明がなされている。

部活動の設置・運営は法令上の義務ではなく、学校の判断により実施しない場合もあり得る。実施する場合には学校の業務として行うこととなるが、平成29年度から部活動指導員が制度化されたところであり、部活動指導は必ずしも教師が担う必要のない業務である。

ただし、現状では、ほとんどの中学校及び高等学校で部活動が設置され、実態として、多くの教師が顧問を担わざるを得ない状況である。教師の中には、部活動にやりがいを感じている者もいる一方で、競技等の経験がなく部活動の指導に必要な技能を備えていない教師等が部活動の顧問を担わなければならない場合には負担を感じている。

部活動は、学習指導要領において学校教育の一環とされているから、学校で実施されるものである。だが、教育課程外であるからには、必ずしも学校がそれを実施しなくてもよいし、教員が指導を担う義務もない。部活動は、教員にとって（また生徒にとっても）、あって当たり前のものとして受け止められてきただけに、このことが中教審の答申で再確認されたことの意味は大きい。

ところが実際には、先の真由子先生の例がそうであったように、教員は自分の意志に関係なく顧問担当を強いられることが通例だ。スポーツ庁による「平成29年度『運動部活動等に関する実態調査』」では、93・8％の中学校で教員全員による指導体制がとられている。希望制は、ほんの数％である【図表11】。教員に部活動指導をするかしないかの選択の余地はほとんどない。

図表11 全教員で部活動にあたっているか（校長の回答）

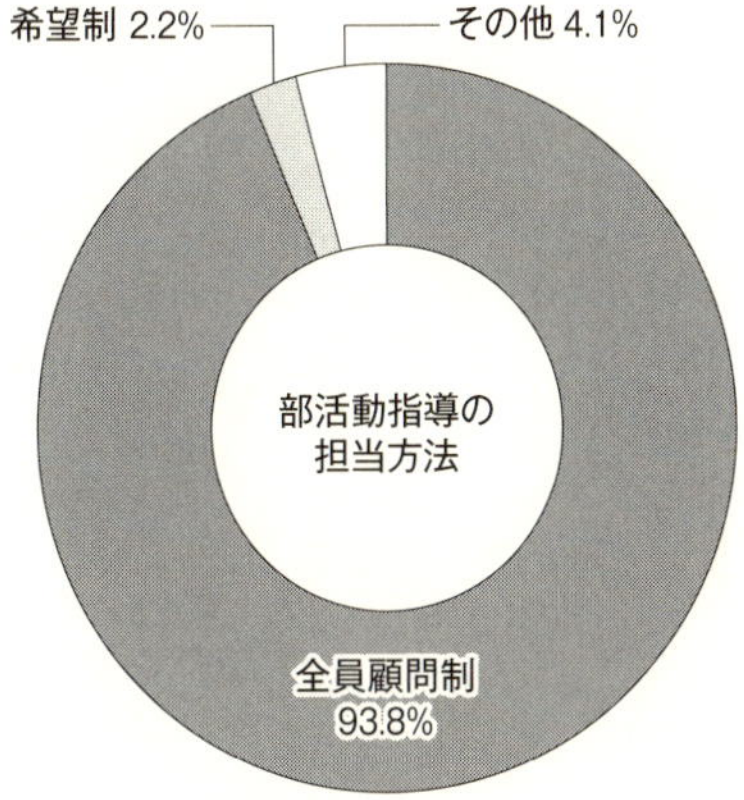

※スポーツ庁「平成29年度『運動部活動等に関する実態調査』」をもとに筆者が作図

改めて、部活動は生徒同様に、教員も自主的に関わるものである。真由子先生は、わがままであるどころか、むしろやらなくてもよい仕事を、権力と同調圧力によって押しつけられたハラスメント被害者である。

部活動の顧問を強引にでも命じられてしまえば、あとは平日の数時間はただ働きをさせられ、土日も頻繁につぶれる（手当がつくものの最低賃金以下で、かつ代休や振替休日の扱いはない）。一年間の余暇を大きく左右するこのサービス残業が、自主的という名のもとに4月の職員会議で一斉に言い渡される。そして誰も反論しない。究極にブラックな労働環境であり、集団ハラスメントである。

保護者から部活動顧問への圧力

教員における部活動の苦悩は、けっして職員室のなかにとどまるものではない。真由子先生はかつて、「糸が切れた土曜日」というタイトルで、保護者から教員への圧力をブログに記したことがある。

4月に入って真由子先生は、「学習・家庭・部活のバランスを重視した運営をする」ために、日曜日の活動を休みにすることを生徒に伝えた。それからまもなくしての土曜日のことである。

その週は他校から練習試合の声がかかっていたので、土曜を練習試合に設定しました。当然、次の日の日曜日は完全休養日です。

学校に到着し、月曜から金曜の勤務で疲れた体を引きずり、審判をし、監督をし、生徒の指導に当たりました。なんとか練習試合が終わり、生徒の解散を終え、学校を出ようと靴箱に行ったそのときです。

保護者の方が5～6名、外で待っていました。私はあいさつをし、帰路につこうとしましたが、その中の一人の保護者が私を呼び止めました。「先生、今年は日曜を休みにするそうですね。先生がお疲れなのも分かるのですが、日曜や連休も練習を入れてくれませんか」というのです。

私は「ミーティングでお子様に話した通りです。あくまで部活動の指導はボランティアであり、学校長も土日の片方は必ず休みにするようにと話しております。だから休みにします」と答えました。すると保護者は「子どもが練習したいと言っているんです。大切な試合も近いですし、3年生は引退まであと3か月です。悔いの残らないように、子どもの気持ちを汲んでやってください」と食い下がりました。

保護者は「子どもがやりたいと言っている」という主張を盾に、なかなか折れてくれませんでした。その場にいた他の保護者も同じ考えのようで、さながら「あなたは教員として、休日に部活をしなければならないのに、サボるんですか？　他の顧問はきちんとやっていますよ？」というお咎《とが》めを受けているかのような構図になりました。

私はその瞬間に、なにかプツンと糸が切れたような気がしました。私には日曜を休む権利すらないのかと、目の前が真っ暗になりました。

平日の勤務を終え、土曜の練習試合を終え、帰ろうとしたところへ「日曜もやってくれ」。疲れが増幅され、足取りが数倍重くなるのを感じました。私は個人として日曜は休む。その当然の権利を行使するまでです。

（文意を損ねないかたちで文章を割愛・編集した）

教員にとって部活動の指導は、形式上「自主的な活動」である。指導を強制される理由はない。しかし現実には、中学校では全国的に大多数の教員が部活動指導に従事している（従事させられている）。真由子先生も、土日の指導を喜んで引き受けているわけではない。だから、まずは日曜日を休養日にした。ところが、一部の保護者がそのことについて、日曜日も指導にあたってほしいと、真由子先生を取り囲んだのであった。

そのとき保護者が用いた説得技法は、おきまりの「子どものため」であった。「子どものため」は、教員にとって殺し文句である。反論しようものなら、「あなたは子どものことを大事に思わないのか」という、「教師失格」のレッテルが貼られる。教員においては「労働者」として休む権利は、もはや剥奪《はくだつ》されてしまっている。

部活動が大好きでも…

保護者からの圧力により、体調を崩した先生もいる。次に紹介するのは、「部活動は好きです」と公言する先生のエピソードである。

中学校のサッカー部一筋で、20年間順調に指導を続けてきた先生が、突如、身体を壊した。異動先の中学校で、どうしてもサッカー部をもつことができず、バスケットボール部の顧問になったことがきっかけだった。

バスケットボールはまったくの未経験であり、これまで縁も関心もなかった。ルールも指導方法もわからない。ドリブルもスムーズにできない。入門書を何冊か買ったり、知り合いの教員に指導方法を教わったりしながら、なんとか「ど素人」を脱しようとした。

夏に練習試合をしたときのことである。試合には、僅差《きんさ》で負けた。そのことは仕方ないと思ったのだが、子どもを迎えにきた保護者が自分に近づいてきて、普段の練習メニューについて忠告をしてきた。そのときは、「ど素人」として学ぶ姿勢で、保護者からの忠告に真剣に耳を傾けた。

ところがそれからというもの、その保護者は週末にたまに学校にやってきては、生徒に対して直接声を発するようになった――「そこはパスだろうが！」「そんなこともわからんのか！」。自分の指導方法や存在そのものが否定されているように感じ、次第に保護者との関係がギクシャクするようになってきた。その保護者に同調する保護者も増えていき、「うちの子は部活動をやめさせて、ジュニアチームに入れてもいい」とまで言い出してきた。

保護者のほうが、バスケットボールのことをよく知っている。「ど素人」である自分は、いつも見下されていた。そして秋にはついに体調を崩すようになってしまった。教員人生ではじめて、「部活がつらい」と感じた。

幸いにして、その先生は保護者全体と会合の機会を何度かもつなかで、自分の立場を理解してもらうことができ、いまは保護者と良好な関係で、部活動指導にあたっている。

中学校の一日は、時間数の多さでいえば、教科指導（授業）と部活動指導がその大半を占めている。教科については、各教員は学生時代に大学でその指導内容や指導方法を学び、その高い専門性を習得して学校現場に入っていく。他方で部活動については大学でその指導技術を学ぶことは、ほぼない。さらに、保護者のほうがその競技種目の指導に長《た》けているという事態もしばしば起きる。こうして部活動では、保護者からの介入が比較的容易になってしまう。

顧問を悩ます保護者からのクレーム

2007年度に群馬県内の教員に対して実施された調査（金子真人「学校における保護者対応に関する調査研究」）によると、保護者からのクレームによって支障があった教育活動を尋ねたところ、もっとも多かったのは、中学校・高校ともに「部活動」であった。中学校で約7割、高校で約5割の教員が、クレームによって何らかの支障があったと回答している。「授業」の割合も高いが、それでも中高ともに約4割にとどまっている。部活動は、保護者とのトラブルの温床と言うことができる。

また、2013年度に神奈川県教育委員会が県内の教員や保護者などに対して実施した、運動部活動に関する調査（「中学校・高等学校生徒のスポーツ活動に関する調査報告書」）では、保護者と教員との意識の差が明らかになっている。

たとえば「顧問教員の負担が大きすぎる」と思うかについて、「そう思う」と「ややそう思う」と回答した者の割合は、保護者が46・1％であるのに対して、教員は84・8％に達している【図表12】。教員の負担感は、保護者には十分には伝わっていないようである。

図表12 顧問教員の負担が大きすぎると感じる者の割合

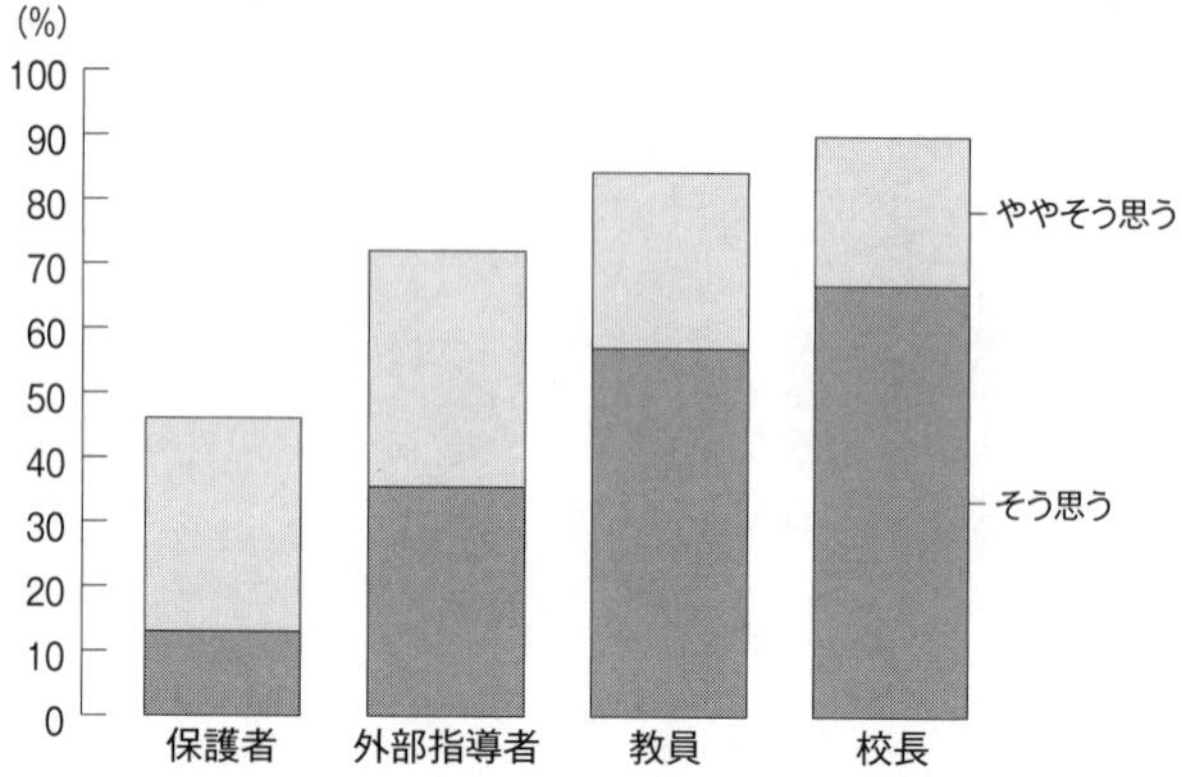

※神奈川県教育委員会「中学校·高等学校生徒のスポーツ活動に関する調査報告書」をもとに筆者が作図

また、「保護者たちの理解が不足している」という質問項目については、「そう思う」と「ややそう思う」は、保護者が22・6％で、教員は34・8％と、ここでも教員の割合が高い。

　これらの調査から見えてくるのは、部活動では教員と保護者間のトラブルが生じやすく、また教員のつらさは保護者にはあまり理解されていないということである。保護者からすれば、休養日を設けようとしたり、指導が未熟であったりする教員には、口出しをしたくなる。より多くの日数と時間数を、より専門的な指導を、教員に求めてしまう。

　だが、教員にはそもそも部活動を指導

する責務はない。教員が授業を放棄したら大問題であるが、部活動指導は休もうが下手くそだろうが、問題にするべきことではない。だけれどもその点をよく理解しないままに、一部の保護者が教員の方針を非難するという事態が、現実には起きている。

とある高校生の保護者は、今日の部活動改革をリードする先生たちの言動を見て、「この人たちは、土曜日だけの部活動でも文句を言うのだから、生徒が『土日に勉強を教えてほしい』と言ってきたら、まちがいなく断るでしょう。娘の部活動顧問は、毎朝早くに学校に来て、学習指導にも時間を割いてくれました。もちろん、手当なんてありませんでした」と、SNS上で主張していた。

部活動改革を進める先生たちが、早朝や土日の学習指導に顔を出すかどうか、私にはわからない。ただ一つ言えるのは、勤務時間外に生徒のために尽くす姿を美化し、その一方でそこに乗ってこない教員を非難するという態度は、まちがっているということである。

この点は、部活動指導を含む教員の働き方への無理解が、一部の保護者の怒りにつながっているように見える。部活動指導の法制度上の位置づけと、教員は教育者である以前に労働者であるということを、教員と保護者の間で共有することで、こうしたトラブルは抑制されうるように思われる。

保護者を悩ます教員

最後に、上記のように保護者からの圧力に苦しむ教員とは逆のケースとして、部活動好きの教員の指導に保護者が苦しんでいるという事例を紹介したい。

私がもっともよく相談を受けるのは、子どもが部活動をしんどいと感じたり、もう少し休みがほしいと希望したりしても、顧問がそれを受け付けないというものである。

2018年3月にスポーツ庁から「運動部活動の在り方に関する総合的なガイドライン」が発表された。このガイドラインは「義務教育である中学校（義務教育学校後期課程、中等教育学校前期課程、特別支援学校中学部を含む。以下同じ。）段階の運動部活動を主な対象」として想定したものではあるが、「高等学校段階の運動部活動についても本ガイドラインを原則として適用し、速やかに改革に取り組む」と明記されている。

ガイドラインの目玉は、休養日の設定で、具体的には次のような上限規制が設けられている。

○学期中は、週当たり2日以上の休養日を設ける。（平日は少なくとも1日、土曜日及び日曜日（以下「週末」という。）は少なくとも1日以上を休養日とする。週末に大会参加等で活動した場合は、休養日を他の日に振り替える。）
○長期休業中の休養日の設定は、学期中に準じた扱いを行う。また、生徒が十分な休養を取ることができるとともに、運動部活動以外にも多様な活動を行うことができるよう、ある程度長期の休養期間（オフシーズン）を設ける。
○1日の活動時間は、長くとも平日では2時間程度、学校の休業日（学期中の週末を含む）は3時間程度とし、できるだけ短時間に、合理的でかつ効率的・効果的な活動を行う。

ところが顧問がこのガイドラインを守らないまま、土日も関係なく部活動の練習や試合を入れてしまうという。

こういった類いの相談は、枚挙に暇《いとま》がない。

ある家庭では、高校生になる子どもが部活動を終えて夜遅くに疲労困憊《こんぱい》で家に帰ってくる。勉強などまったくできないままにすぐに就寝してしまう姿を見て、保護者は子どものことが心配になる。子どもにたずねてみると、「もう少し部活に休みがほしい」と言っている。

だからと意を決して顧問にそのことを伝えてみると、「他の生徒がやりたがっている」「一人の意見では決められない」「試合があるから練習は減らせない」と言って、取り合ってくれない。

次に管理職に直接相談したところで、「顧問にそのように伝えておきます」と言うだけで、ほとんど何も改善されない。教育委員会に電話をしてみると、「どこの学校もそんなもんですよ」と、まさかの門前払い。

国がガイドラインをつくったところで、まるでそれを守ろうという空気が感じられない。こうして何もできないままに、生徒も保護者も、過熱する部活動に呑み込まれていく。

ガイドラインが発表される前の事案ではあるが、強烈だったのは、ある顧問が配付した「部則」である。そこには「日曜・祝日の練習について」という項目があり、「休みは疲労の程度を見ながら適宜とっていきます。練習を最優先し、休まないこと。家庭の旅行や病院に行くことは、休みの理由にはなりません」といった旨の内容が記載されていた。

自主的な活動であるはずの部活動において、家族旅行よりも通院よりも、土日の練習が最優先される。しかも「部則」という位置づけだ。このような異常事態が、教育という名のもとに通用しているのである。

部活動は学校の教育活動に深く根づいてきた。それだけに、教員、管理職、教育委員会、保護者、生徒それぞれにおいて、部活動が大好きな者もいれば、そのあり方に違和感をもつ者もいる。

重要な点は、第一に、ある特定の立場が一方的に悪（または善）なのではないということだ。各自がどの立場であるかということは一旦《いったん》脇に置いて、各自が感じている苦しみやハラスメント被害に耳を傾けていくべきである。

そして第二に、苦しみやハラスメント被害は、「大好き」というポジティブな感覚によって蓋をされてはならないということだ。一定数の犠牲の上にはじめて成り立つような活動であるならば、少なくとも学校教育としては不適当である。部活動に関わることを希望する者すべてが、倒れることなく楽しく活動を展開できるような方途を探ることが、今後の部活動改革の課題である。

第5章

教師の暴力被害

——殴られるのは指導力不足のせい⁉

1. 暴力被害を封印する職員室

閉ざされた教室における対教師暴力

「さすがにクズい　蹴りよるやつも　周りも」――。

2017年9月下旬のこと、福岡市内の私立高校で、授業中に1年の男子生徒が新任の男性教師を暴行する動画がSNS上で拡散され、「炎上」した。

各種報道によると、日本史の授業中に男子生徒がタブレット端末で動画を見ていた。それを男性教師が何度か注意したものの、生徒は聞く耳を持たなかった。

そこで、教師は生徒のタブレットを取り上げた。すると、生徒は教壇に立つ教師のところに近づき、教師の腰のあたりに背後から3回ほど蹴りを入れ、さらには教師の胸ぐらをつかんで脅したのであった。教師はその間、口頭でその生徒を厳しく注意しつつも、暴行を受けつづけていた。教室には、生徒たちの笑い声が飛び交っていた。

以上の様子をクラスメイトの一人が動画で撮影し、それがLINEを通じて友人らで共有された。このうち別の高校の生徒が動画をTwitterにあげたところ、一気に情報が拡散されたのである。

そして、暴行があった翌日には、男子生徒は傷害容疑により警察に逮捕された。だが、その経過はけっして単純なものではなかった。

じつは校長がこのことを知ったのは、事件当日の深夜、警察から連絡が入ったことによる。動画を見た人から警察に通報があり、警察が学校に連絡を入れて、事態が発覚したのである。つまり、暴行を受けた教師も、それを目撃した生徒たちも、誰もそのことを学校に報告することはなかった。

日が明けて、当初の報道では、学校側は警察に被害届を出さない方針ということであった。被害に遭った教師自身の意向もあって、学校側で生徒を指導することに決めていたという。

ところが同日、医師により全治1日の診断が教師に下され、また警察とも話し合いがおこなわれ、再度学校内で対応が検討された結果、被害を受けた教師は夕刻に被害届を警察に提出した。こうして生徒は、同日夜に傷害容疑で逮捕されることとなった。生徒は翌週には釈放され、自主退学というかたちで学校を去ることになった。

お詫び文の違和感

騒動のさなか、学校側は「生徒による問題行動と今後の対応について」と題するA4判で1枚の「お詫び」文書をウェブサイト上に公開した。そこには、今回の暴行事案の背景や今後の対策が、次のように綴られている。

9月28日の授業中、本校1年生の生徒が、新任教員に対し暴行するという事案が発生しました。この様子は撮影され、SNSに投稿されることでネット上に広がることとなりました。

今回の件で、在校生並びに保護者の皆様、卒業生の皆様、本校関係者の皆様、そしてネットでの情報等により不快な思いをされたすべての皆様に深くお詫び申し上げます。

本校では、これまでも道徳教育を推進し、暴力は絶対にあってはならないものであることを教育してまいりました。また、SNSの利用につきましても、その危険性を指導してまいりました。にもかかわらず、今回の件を防ぐことが出来なかったことは残念でなりません。私どもの指導が至りませず、誠に申し訳ありませんでした。

本件を真摯に受け止め、今後は、改めてITモラルを持たせる教育、生徒の心が健全に育つよう教育の充実を図り、また教員の連携やフォローアップ等、教員を育てる体制等、学校組織をしっかり作ってまいります。

在校生並びに保護者の皆様、卒業生の皆様、本校関係者の皆様には、ご迷惑とご心配をお掛け致しますが、今後ともご理解とご協力を賜りますよう、お願い申し上げます。


私はこの文書を読んだとき、すぐには内容が呑み込めなかった。今回の事案の何が問題なのかについて、その内容と私の考えが大きく異なっていたためである。文書が詫びているのは、次の2点である。一つが、生徒による暴行事案が起きたこと、もう一つが、その動画がSNS上で拡散したことである。だからこそ今後は、前者については「生徒の心が健全に育つよう教育の充実」が必要であり、後者については「ITモラルを持たせる教育」の推進が必要ということである。

前者の暴行事案について、お詫びがあるのは理解できる。物事を暴力や脅しで解決すべきではない。その点で学校側のこれまでの教育方針（の不徹底）が反省されたのである。

その一方で後者のITモラルについては、なぜそれが問題視されるのか。ネット上でも、「SNSは関係ない」「今回の問題はそこじゃない」といった意見が多く出された。私も同様の違和感を抱いた。

SNSが事態の改善をもたらした

学校側はなぜSNSには「危険性」があり、ITモラルが必要と考えているのか。

その理由は、お詫び文の前半に示されている。すなわち、「この様子は撮影され、SNSに投稿されることでネット上に広がることとなり」「ネットでの情報等により不快な思いをされた」人たちがいるからである。

そもそも学校教育では、LINEやTwitterといったSNSの利用は、あまり推奨されない。「LINEいじめ」という表現にもあるように、SNSは生徒に正の効果をもたらすというよりは負の効果をもたらすと理解される傾向がある。

そしてなるほど、動画がSNSに投稿された結果として、一つの極端な事案により高校全体の評判が落ちてしまいかねない。真面目に学校に通っている生徒にまで、負のレッテルが貼られてしまう。自分の学校がネット上でさらし者になっている様子は、関係者にしてみればけっして気持ちのよいことではない。だからITモラルを教育することが重要だということなのだろう。

そうであるとして、一旦そのことは脇に置いて、今回の事案でSNSがはたした肯定的な役割に注目したい。

冒頭に示した「さすがにクズい　蹴りよるやつも　周りも」という言葉は、動画をTwitter上に投稿した高校生（事件が起きた高校とは別の高校の生徒）が、動画を投稿するさいにつぶやいたものである。ネットニュースサイトの「ねとらぼ」の取材に対してその生徒は、動画を投稿した理由について、次のように答えている。

Q：撮影者は投稿者本人でしょうか
A：撮影者は私ではなく、A高校の生徒です。
Q：なぜ動画をSNSへ投稿したのでしょうか。
A：動画を見て、イライラしましたし、何より先生がかわいそうだと思いました。加害生徒にも反省してほしいという思いで投稿しました。

（「ねとらぼ」2017年9月29日 ※高校名は匿名扱いとした）

つまりその高校生は、他校の閉ざされた教室のなかで起きた事態を見過ごすことができず、SNSに助けを求めたのである。そして、狙いどおりに動画は拡散した。

先述のとおり、暴行を受けた教師も同じ教室のクラスメイトも、誰一人としてその暴行事案を学校に訴えかけることはなかった。だが、SNSの媒介を経ることで、閉ざされた教室内の出来事が警察に届き、また校長の耳に入ることになり、事態が動いたのであった。SNSが事態の改善にはたした役割はきわめて大きい。

学校の自浄作用に期待できるか

もちろん、「SNSに投稿されることでネット上に広がる」という経過とは別のかたちで、事態の改善がありえたと、私は思う。すなわち、教師やクラスメイトが暴行事案を学校に報告することで学校のなかで「自浄作用」がはたらき、生徒への厳しい指導がおこなわれた可能性である。

だから、学校側がSNSの「危険性」を指摘するのも理解できなくはない。SNSでいたずらに情報が拡散することの不利益はたしかに大きい。だから、それが回避されるに越したことはない。ただし次の2点において、私は学校側のSNS批判に対して、異議がある。

第一は、上述のとおりSNSのおかげで事態が「見える化」したと評価できるからである。SNSの貢献に言及しないかたちでのSNS批判は、事案の全体像を見誤る。

第二は、それに関連して、学校の改革にはSNSを含む外部からの力がときに重要な意味をもつからである。言い換えると、学校の自浄作用にはあまり期待できないということである。

学校文化には、暴力を「教育」の文脈で理解し、厳格な対応を回避しようという傾向がある。そして本事案においても、学校は当初まさにそうした動きを見せていた。学校内部で自浄作用がはたらく可能性が低いからこそ、SNSを媒介とする学校外部からの問題提起がときに必要になってくる。反省されるべきはITモラルではなく、事態の改善をITに頼らざるを得なかったという学校の現状である。

その意味で、SNSとは単なるツールというよりは、学校に対する外圧の象徴とみることができる。

これはちょうどいま、部活動改革を含む教員の働き方改革の機運がＴｗｉｔｔｅｒをはじめとするＳＮＳ上で高まってきたことと重なる。学校には、部活動に時間を費やしてこそ「一人前の教員」という文化がある。職員室では、「部活がつらい」などと愚痴をこぼすことはできない。また、夜遅くまで職員室に残って授業準備に取り組む姿は、「熱心な教員」とみなされる。「子どものため」に献身的に励む様子が、高く評価されるのだ。

だから、部活動指導や長時間労働に対する不満は、学校空間を超えて、Ｔｗｉｔｔｅｒ上にあふれ出る。匿名性が高く、学校文化の縛りがない空間で、職場の苦しみを訴え、思いを共有し、改善の方途を探る。

「教師の立場にある者が、匿名のＴｗｉｔｔｅｒ上とはいえ学校の不満ばかりを口に出すべきではない」という意見もある。だが、なぜＴｗｉｔｔｅｒなのかということをよく考えてみることも大切だ。職員室では言い出せない。その声がいまＴｗｉｔｔｅｒで「見える化」し、そこにマスコミや市民が反応し、改革の気運を高めているのである。

暴行被害が「指導力」の欠如に置き換えられる

福岡市の対教師暴力事案に話題を戻そう。この事案が話題になっているさなか、私の知り合いの教員が、同僚のこんな発言を耳にしたという――「あれは講師が悪い。だって、もう9月にもなるのに、生徒との人間関係がつくれていないいんだから。自分だったらこんなことになっていない」と。

周りの教員もその見解に賛同していたようで、あそこまで授業が荒れていること自体に問題があり、講師の資質が問われるべき、という空気だったという。

じつは私もTwitterで同じように、教員の立場にある者が、その暴行被害に遭った先生を非難するつぶやきを、いくつか見かけた。

その一つは、「こんなに騒ぎ立てるべきことじゃない。時間給で生活が厳しい非常勤講師の立場からすると、十分な給料やボーナスをもらっている正規採用教員は、しっかりと教育にあたるべき。こうなったのも、そもそも授業が成立してなかったのでは」といった旨の内容であった。

正確には、暴行を受けた先生は「講師」と報道されているから、けっして正規採用ではない。そのことは置いておくとして、教員は十分な賃金を受け取っているのだから、暴行を受けたとしても、自分の授業力の問題としてちゃんと責任をとるべきだというのだ。

さて、私の知り合いの教員は、どうにも同僚たちの見解に納得がいかなかったが、反論できる空気ではなかったという。そして、私にこう思いを伝えてくれた——「指導力がないからといって、蹴られてよいことにはならないでしょう？　ましてや新卒で講師だから殴られていいわけでもない。ベテランだって失敗することもある。人間関係づくりが下手な先生だっている。教育上の失敗と、暴行を受けることの是非は分けて考えなきゃいけないと思う」と。

私も、まったく同感である。暴行を受けた先生を非難する声の背景には、「指導力があるから生徒が荒れない」という教員文化がある。つまり、指導力がないから、生徒が荒れてしまう。暴行を受けるのは、あなたの教育者としての資質がないからと、みなされてしまうのだ。

仮に、被害に遭った先生の、指導力や授業力が低かったとしよう。そのこと自体は、学校内外の研修等によって改善されるべきことである。だがそれらの能力が低かったからといって、その先生が暴行を受けてよいことにはならない。なぜ能力の高低が、暴行被害の是非と連動して語られなければならないのか。

教師への暴力は「教育」でなんとかする

「暴行を受けたのは、教師としての資質能力に問題があるからだ」――このように考えたとき、教員の暴行被害は「消える化」する。閉ざされた教室のなかでの暴行被害は、そのまま自分一人が引き受けて対応すべきことになる。

実際に福岡市の私立高校の事案では、校長が教員の暴行被害を知ったのは、事件当日の深夜に、警察から連絡が入ったからであった。暴行を受けた講師自身は、被害を校長に申し出ることはなかった。

報道によると、暴行被害を報告しなかった理由について講師は、生徒の更生を考えて学校に事実を伝えなかったという。「自分で時間をかけてこの生徒を指導したかった」と学校に話したとのことである（「西日本新聞」朝刊、2017年9月30日付）。

講師は暴行を表沙汰にせずに、自分の「教育」の範疇で対応しようとした。対教師暴力事案では、教師の資質が問われる。だから、自分一人で抱え込み、教育活動をとおしてなんとか対応しようと思考するのである。

暴行事案が、「教育」の範疇でとらえられる。この教育重視の考え方は、被害を受けた教員個人だけではなく、学校側の対応においてもつらぬかれる。

暴行の動画がSNSで拡散された翌日、当初の報道では、学校側は警察に被害届を出さない方針であった。「体制の至らなさを痛感している。講師や他の生徒ともきちんと向き合って指導していく」（共同通信　２０１７年9月29日）ことを考えていた。学校は、加害生徒を指導という「教育」の範疇で処するつもりだった。

「教育」が暴力を封印する

教育上の失敗（指導力や授業力の欠如）によって暴行が起きたのだから、教師個人が、教育によって事態の打開を図ろうとする。そして、学校内で暴行が発覚してからは、それを学校内の教育の力によって、管理しようとする。

この一連の流れからは、教師が殴られたとしても、それを学校内部で受け止めて、生徒への教育をとおして事態の改善を図ろうという意志が見えてくる。暴行事案はその発生から事後対応まで、終始一貫して「教育」の課題なのである。

皮肉を込めて、この事態を「『教育』が暴力を封印する」と表現したい。

これはけっして、「教育活動によって暴力が抑制される」という字義どおりの意味ではない。「教育活動によって暴力が見えなくなる（隠蔽される）」ことを指している。「教育」という名のもとに、閉ざされた教室、閉ざされた学校のなかに暴行事案が押し込まれて、外部からはまったくそれがわからない。

暴行に対するこうした教育界の向き合い方は、生徒が被害者となる「体罰」にも通ずるものがある。第1章でも記したように、「体罰」とは何らかのあってはならない行為に対して、本人を懲らしめるために発動されるものである。そこには、「罰としてやむを得ない」という価値観が見え隠れする。

さらに、教員の各種懲戒処分事案のなかで、「体罰」は圧倒的にその件数が多い一方で、極端に「懲戒免職」の件数が少ない。「体罰」は、「指導の一環のつもりだった」「行き過ぎた指導」と表現されるように、指導という「教育」の範疇で理解されるからである。

このように、教師が生徒に暴力を振るう場合も、また教師が生徒から暴力を受ける場合も、いずれも「教育」という大義名分がその事態を隠蔽したり深刻化させたりしている。

対教師暴力と対生徒暴力（いわゆる「体罰」）はこれまで、別個のものとして論じられてきた。だが、両者をハラスメントの俎上に載せて、立場の優劣に関係なく、教師と生徒それぞれの苦しみや被害を基軸に据えたとき、新しい視界が開けてくる。ハラスメントの闇の奥底には、「教育」がある。

2. 教育の限界

警察が学校に入ってくる

福岡市内の私立高校の暴行事案が起きて、ネット上で動画が拡散されたのは、2017年9月下旬のことであった。そのこともあってか、まもない10月上旬に入って、福岡県田川市立の中学校で2年生男子生徒による対教師暴力事案が、一部のメディアで報じられた。ただしその内容は、ある点において私立高校の事案とは対照的であった。というのも、その田川市立中学校のケースでは、教師が生徒を「常人逮捕」したというのだ。

「常人逮捕」とは、「私人逮捕」ともいわれ、刑事訴訟法第213条には、「現行犯人は、何人でも、逮捕状なくしてこれを逮捕することができる」と記されている。犯罪はいつ起こるか、わからない。ましてや学校のなかに警察が常駐しているわけでもない。このような状況下で、常人逮捕がおこなわれる。

学校のなかに不審人物が入ってきて、それに出くわした教師が、そこから逃げ去ろうとする不審人物を取り押さえて警察に連絡すると、これは「常人逮捕」にあたり、そういったニュースをたまに見聞きすることがある。今回の田川市立中学校では、不審人物ではなく生徒が、教師によって逮捕されたということである。

報道によると、授業中に男子生徒が体育館付近の廊下にいるのを、教師が見つけた。そこで教室に戻るよう指示したところ、生徒は教師を数回ほど殴ったという。

そこで教師は生徒を取り押さえて、「常人逮捕」のかたちで、生徒を警察官に引き渡したのであった。福岡県警によると、逮捕された生徒には過去にも問題行動があったという（TBS「ひるおび！」 2017年10月4日）。

さて、この中学校における事案が、福岡市の私立高校の事案と大きく異なるのは、教師が生徒をすぐさま警察に引き渡したという点である。

私立高校のケースでは当初は、講師は管理職に出来事を報告さえせずに、自分のなかだけで終わらせようとした。それは管理職が出来事を知った時点でも同じで、今度は学校がそれを学校のなかだけで終わらせようとした。すなわち、学校による「指導」の範疇で対応しようとしたのであった。最終的には、動画がネット上で拡散するなかで、教師が警察に被害届を提出し、生徒の逮捕へとつながった。

一方で田川市の事案では、学校の内部でなんとか収めようという意図は感じられない。

殴ってきた生徒を取り押さえて警察を呼ぶという流れからは、もはや学校側の「指導」では対応しきれないという状況が伝わってくる。

なお、田川市のような教師による生徒の常人逮捕というケースは、過去にもいくつか確認できる。2013年11月に千葉県の市原市立の中学校で3年男子生徒が教師の顔や腹を殴り、別の教師に取り押さえられて、警察に引き渡された。男子生徒はベランダで喫煙をしていたところ、それを教師に注意されて殴ったという（「朝日新聞」ちば首都圏版、2013年11月6日付）。2010年3月に岐阜県大垣市立の中学校では、2年生の男子生徒が教師の胸を複数回殴ってトイレに逃げ込んだところを、別の教師により拘束されて、警察に引き渡されたという（「朝日新聞」岐阜版、2010年3月4日付）。

警察との連携強化

さてこのように、暴力を振るった生徒を教師が取り押さえて警察に渡すというのは、教師としてあるいは教育活動として、あまりに無慈悲だと感じるかもしれない。じつはこうした対応の背景には、緊急事態の際には積極的に警察との連携に踏み出すべきという国の方針がある。

警察との連携は、古くはたとえば1963年10月10日の文部省（当時）通知文「青少年非行防止に関する学校と警察との連絡の強化について」に、その記載を見ることができる。「最近における青少年非行の増加、低年齢化、集団化などの傾向、なかんずく、児童生徒の犯罪件数の増加の傾向にかんがみ、学校と警察との連携をいっそう強化する必要がある」「学校と警察とが青少年非行の防止に関して、常に連絡を保ち、早期連絡と早期補導の体制を一層強化する」とあるように、対教師暴力に特化しているというよりは幅広く生徒の非行対策として警察との連携が模索されたのであった。

そして生徒の非行対策という観点にその後、校内暴力（対教師暴力を含む）や不審者侵入、いじめへの対応などがくわわり、今日ではさまざまな状況について警察との連携が推進されるようになった。

なお近年でいうと、2015年2月に多摩川河川敷で発生した中学1年生の殺害事件においても、警察との連携強化が進められた。この事案では、川崎市立中学校1年の男子生徒が、知り合いの18歳の少年ら3人に首などをカッターで複数箇所切りつけられるなどの暴行を受けて、死亡した（少年らの刑は確定済み）。その残忍性から、事件報道を鮮明に覚えている読者も多いことだろう。

この事件の1カ月後、文部科学省は「殺人事件を未然に防ぐことができなかったのかという観点から、学校と警察の連携状況を把握し、改善策を検討することを目的」として、「学校と警察の連携に係る緊急調査」を実施した。

調査の最大の主眼は、「学校警察連絡協議会」と「学校警察連絡制度」の活性化にあったと考えられる。前者は、「青少年の非行防止に関して協議を行う場として、一定地域ごとに警察と学校とが参加する組織」を指し、後者は、「学校と警察の間で、緊密な連携を図るために、協定を締結すること等により、相互に児童生徒の個人情報を提供し、非行防止等を図ることを目的とするもの」を指す。組織の連携確立と個人情報の共有によって、警察による個々の生徒への介入をいっそう強化しようとするものである。

「被害届」のススメ

文部科学省の国立教育政策研究所が作成した生徒指導リーフ「学校と警察等との連携」（2013年1月）は、「学校だけの対応では、指導に十分な効果を上げることが困難であると判断した場合は、ためらうことなく早期に警察や児童相談所等の関係機関に『相談』することが大切」という視点を強調する。そして、「学校と警察との連携の一つの鍵」として、次のように「被害届」の重要性を説く。

「被害届」は、犯罪の被害に遭ったと考える者が、被害の事実と処罰の意思を警察等の捜査機関に申告する届出のことで、警察は「被害届」を受理した後、捜査を本格的に行うこととなります。したがって、警察との連携を進めていく上で、「被害届」は一つの大きな鍵となります。

しかし、学校内で起こったことに関して警察の介入を求めることを「教育の放棄」と受け止める考え方が根強いのも事実です。また、「被害届」を出すとしても、どの時点で出せばよいのか、誰が出せばよいのか（学校か被害児童生徒・保護者か）判断が難しいのも事実です。

そのため、学校だけではもはや対処できない事態に陥りながら抱え込みを続け、更に悪化させてしまう事例も見受けられます。

「被害届」は、加害者の行為を止め、被害者を守るとともに捜査という観点からの実態の解明につながる可能性を高めます。そうした意義を踏まえれば、関係する保護者の理解を得ながら「被害届」の提出について警察と相談し、前向きに検討を行うこと

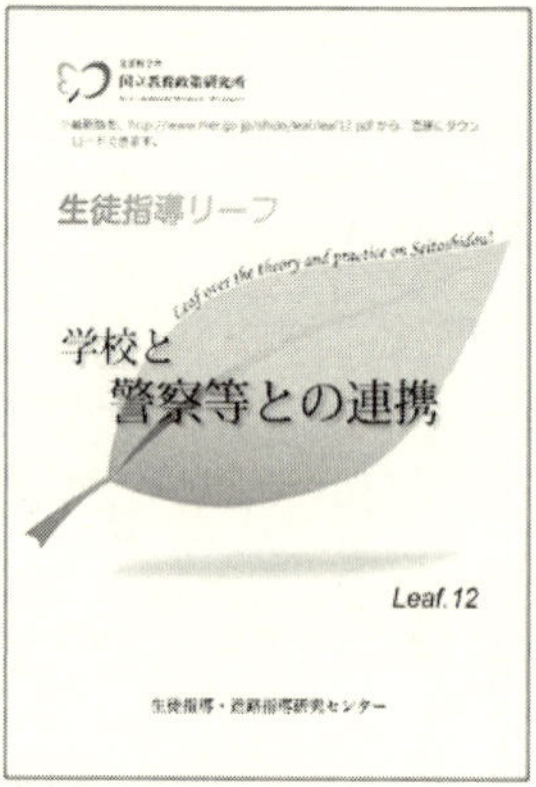

国立教育政策研究所
「学校と警察等との連携」

も大切と言えます。

（国立教育政策研究所「学校と警察等との連携」より抜粋）

「被害届」といえば、まさに福岡市の事案では、教師は最終的に警察に「被害届」を提出している。リーフでも指摘されているように、「学校内で起こったことに関して警察の介入を求めることを『教育の放棄』と受け止める考え方が根強い」。

なるほど、福岡市の私立高校の対教師暴力事案においても、新聞社の取材に対して、「尾木ママ」で知られる教育評論家の尾木直樹氏は「暴力や暴言は許されず、届けるのが当然。学校が毅然とした対応を示さないと生徒に悪影響を及ぼしかねない」と主張した一方で、関西のある高校教員は「他の生徒や授業への影響を考えると警察への通報には抵抗がある。校内の問題は校内の指導で解決しようとする学校が多いのでは」と述べている（「西日本新聞」朝刊、２０１７年9月30日付）。

かつて1980年代の校内暴力の時代には、「センコーが、仲間を警察に売った」という話を聞いた読者もいるかもしれない。このフレーズは、教師の非道を意味する表現であり、今日でも教師自身がそのネガティブな響きに縛られていることもある。そして、教師はそれを乗り越えてこそ、生徒との間に絆を生み出すことができ、本物の教師に育っていくのだという物語が、まことしやかに語り継がれてもいる。

こうした教師文化が結局は、リーフに記されているように、「学校だけではもはや対処できない事態に陥りながら抱え込みを続け、更に悪化させてしまう」ことにつながっていく。教師だって、一人の人間だ。被害を被害と認めないような職場は、結局のところハラスメントを隠蔽し、温存する。教育の範疇にとどめた対応を考えるのではなく、学校外部の警察等と連携しながら教師を潰さない対応のあり方が検討されなければならない。

3. 教師間いじめ

怒鳴る、無視する…　教師が教師をいじめる

ここまで、表だって語られにくい、生徒から教師への暴力をとりあげてきた。

ここからは、被害者としての教師を描き出すためのもう一つの例として、教師から教師へのハラスメント、とくに暴言や暴力について見ていきたい。

学校の先生方との意見交換の場に参加するなかで、私が出会った、もっとも忌まわしい記憶の一つをご紹介しよう。

とある教員研修の場において、10名程度からなるグループで、「部活動のあり方」について議論が交わされた。一人の若手教員が、か細い声でこう嘆いた――「私は、○○科の教員です。教員採用試験を勉強して、○○を教えるために教員になりました。でも毎日、そして土日も部活で時間がつぶれます。自分はやったこともない競技を指導しなきゃいけないし、本当にしんどいです」。

それを受けて、別の教員が手をあげてこう言い返した――「それは一部ですよ！　全部の部活がそんなふうに思われては困ります。僕自身は、たしかに部活がしんどいときもありますが、楽しんでやっています」。さらには、それにつづいて何人かの教員が部活動のすばらしさを語り、援護射撃をつづけた。

私にとっては、本当に衝撃的な場面であった。

第4章で詳述したように、国の学習指導要領において部活動は、「教育課程外」の活動、すなわち学校でやってもやらなくてもよい自主的な活動である。大学の教員養成のカリキュラムにおいても、部活動を主題とする授業は基本的には用意されていない。教員は、素人ながらに指導に従事し、多くの時間をそこに費やしている。

そして自分の専門であるはずの、教科指導の準備時間がほとんどとれないまま、日々を過ごすことになる。自分の専門性を発揮するための時間をとることができず、自分がやったこともない活動に時間が奪われる。これが、部活動指導の現状なのだ。

教科指導が嫌で仕方がないというならば、これは一刻も早く教壇を去ったほうがよいだろう。だが、教育課程外の部活動指導が苦しいというのは、教科指導の専門家として、もっともな意見である。

また労働者としても、時間外労働というかたちで、土日を含めて毎日数時間が費やされる部活動指導を問題視するのは、まっとうな主張である。ところが「それは一部」にすぎないと、同じ教職に就く仲間から反論される。

そもそも「ブラック企業」もまた、どこか一部の企業のことだ。もっといえば、いじめや不登校、台風、震災、原発など、ほとんどすべての教育問題・社会問題は、一部の人や場所に限定された課題にすぎない。それを、みんなで考えるのが、教育問題・社会問題というものだ。

「それは一部」であるのは当然の事実であり、何も説明していないに等しい。そこから見えてくるのは、「それは一部」と過小評価し、「だから聞くに値しない」と一蹴する姿勢である。きわめて危険な態度である。

きっとすべての教員は、いじめや不登校については、「一部」だといってフタをすることはないはずだ。みんなでどう考えていくべきかという問いを、立てるだろう。

集団全体で物事を進めるというのは、教員がもっとも得意とすることの一つである。だが部活動となると、その指導に熱心なあまりに、批判の声を聞くと、つい「それは一部」とフタをしたくなってしまう。

私がその場面に遭遇して何よりも恐ろしかったのは、いまにも泣き崩れそうな仲間を前にして、その苦悩の声を受け止めることもなく、「それは一部」だと一蹴しようとする声があがったことであった。さらには、それに同調する声がつづいたことであった。同僚は助けてくれるどころか、むしろ攻撃をくわえてくるのだ。

保健室に怒鳴り込む

寄ってたかって、公然と一人の教員を責める。まだその教員が理不尽なことを主張しているならば、責められるのも仕方ないのかもしれない。

だが、じつにまっとうな主張であり、理屈としてはむしろ、責めるほうがまちがっている。しかも、いまにも泣き崩れそうな状況だ。もう少し配慮があってもよいのではないかと思うのだが、それ以上に、部活動を批判されたことに、納得がいかなかったのだろう。

私がはじめて、こうした「教師間いじめ」とでもいうべき事態を具体的に知ったのは、学校安全の課題に着手してからであった。

私は、もともとは学校管理下において子どもが遭遇する事故や事件に関心がある。とくにスポーツ活動においては、負傷事故が多く発生し、場合によっては命を落とすこともある。第2章で取り上げた巨大組み体操の問題も、そうした関心から取り上げたものである。学校において子どもの安全や安心に直接関わるのは、養護教諭（保健室の先生）である。それゆえ私は今日まで長らく、養護教諭からさまざまな情報や観点を提供してもらっている。

巨大組み体操の危険性を職員会議で指摘しても、他の教員から、「子どもがやりたがっている」「保護者からの期待も大きい」と反論される。「WBGT測定器（熱中症の危険性を計測する機器）を買いましょう」と管理職に提言しても、「そんなことしたら、夏に何もできなくなる」と一笑に付される。こういった出来事は、「養護教諭あるある」だ。

もっと深刻な教師間いじめもある。

子どもは心身の調子を崩せば、保健室に行く。養護教諭は、その子どもに適切な処置をするとともに、その症状や対応を記録として残す。パソコンで専用のアプリケーションをとおして記録されることが多いので、子どもの様子がデータとして出力される。

そうすると、たとえばどのような時期・曜日・時間帯に、あるいはどのような活動内容において、ケガが起きやすいかということが判明する。養護教諭はそのデータを職員会議に提出し、安全対策の必要性を訴える。

ある中学校につとめる中堅の養護教諭がその方法で、体育祭におけるケガの多さを指摘し、競技種目や練習方法の見直しを求めた。職員会議の場は、ひとまず大きなもめごともなく過ぎた。

ところが職員会議が終わってから、一人の保健体育科の教員が保健室にやってきた。

そして、「俺らのやってることにケチつけるんか！　お前は体育祭つぶしたいんだろう！」と怒鳴り散らした。しかも、その後にさらに同じく保健体育科の教員が一人やってきて、「ケガはつきものだ。何もできなくなる！」と、これまた怒りをぶつけてきたというのだ。「家に帰ってから、泣きました。初めて、この仕事をやめたいと思いました」と、その養護教諭は胸の内を語っていた。

先生だって人間だから…

養護教諭は、「体育祭をやめるべき」と主張したのではない。ケガが多く起きているということは、何かそこに改善すべき課題がありうるわけで、それを指摘したにすぎない。皆で楽しむべき体育祭で、練習や本番中にケガをしてしまっては、元も子もない。皆でケガの実態に目を向けて、ちょっとした改善で事故を減らすことができるのであれば、生徒も教師も皆で楽しく体育祭を終えることができるはずだ。怒鳴り散らしたところで、怒鳴った本人以外には、何の利益もない。

生徒に対して怒鳴ることが、日常的な風景になっているからだろうか。職員室内において教員が教員に対して怒鳴るというのは、けっして珍しいことではない。

そして、暴言だけではなく、会っても挨拶されない、集団で無視される、陰口を言われる、子どもたちがいる前で同僚から大声で叱責されるなど、教員の間には程度の差こそあれ、さまざまなハラスメントがある。

これら「教師間いじめ」のケースは、教員の愚痴や嘆きとして、近しい立場の者が耳にすることはあっても、それが公に語られたり、調査が実施されたりすることは、まったくと言っていいほどない。教師間いじめの実態は、学校のなかに閉じ込められたまま、「消える化」していく。

挨拶しない、無視するといった類いのハラスメントは、もはや小学生のいじめと同じである。そんな話を直接に被害教員から耳にしたときには、本当に愕然とする。「よくそれで子どもの前に立てるものだ……」と、腹立たしくなる。私だけではない。この話を聞いたほとんどの者が、「先生なのに、それはないでしょう」とあきれ果てる。

子どもに「いじめはダメ」と指導する以上は、教員がみずからそのお手本になるべきであろう。だが、誤解を恐れずに言うならば、教員だって人間である。学校以外の職場でも、従業員の間でいじめがあるのと同様に、教員の間でもいじめがある。

この諦めの境地に立つならば、そもそも教員に対して、子どものいじめ防止を過剰に期待すること自体がまちがっているという考えにたどりつく。「子どものいじめ防止に取り組む教員は、同僚間でいじめなんてするはずがない」という幻想は、教員を聖職者として特別視し、職員室を外界から切り離してしまう。まさにそうした風通しの悪さは、さまざまなハラスメントの温床になりうる。

学校のなかで防げないこと、対処できないことはたくさんある。諦めの先に、答えがある。

崇高な存在だからこそ被害が見えない

第1章で述べたように、道徳の教科書のなかでは、教師は敬われる対象である。子ども間のいじめは、授業の題材として重点的に取り扱われるけれども、教師から子どもに対するいじめは、その存在自体がかき消されている。

学校外の大人が学校内で子どもを傷つけることについては、全校で防犯訓練が実施される。けれども、学校内の大人が学校内で子どもを傷つけることについては、まるで知らないふり。

学校教育において、教師というのは、とても崇高で立派な存在である。そうした位置づけが、教師から子どもへのハラスメントを、なきものにしている。

そして本章の最後に強調したいのは、だからこそ教師においては、学校管理下で出遭う自身のハラスメント被害についても、それがなかったことにされてしまうということである。

教育界では、崇高で立派な存在として、偉大なる教師像が描かれる。その対極に、被害を受けて傷つく教師像がある。まさか、偉大なる教師が、小さなことに傷つき涙しているなどと、だれが想像できようか。

崇高で立派であるからこそ、悪いおこないをするはずがない。だから教師は、加害者カテゴリに最初から含まれない。

そして崇高で立派であるからこそ、弱々しい姿が想定されない。だから教師は、被害者カテゴリにも最初から含まれない。

教育界において教師は、ハラスメントの加害者としても被害者としても位置づけられない。加害者としての罪を免れうる特権は、同時に被害者としての認定をも妨げうるものとなる。

これは、コインの裏と表の関係にあり、結局のところこのコインは、教育界が教師を特別扱いしすぎてきたことによってできあがっている。

加害者と被害者を想定することなく、ハラスメントそのものを直視していく。崇高で立派な教師像を解体し、学校の風通しをよくする。教師の特権が奪われることで、教師の安全と安心が確立されていく。

第6章

「問題行動」を読解するためのリテラシー

――いじめの件数は少ないほうがよい⁉

1. いじめ件数の誤解

「問題行動」の全国調査

文部科学省は毎年、「児童生徒の問題行動等生徒指導上の諸問題に関する調査」（以下「問題行動調査」）という名の調査を実施している。学校における、いじめ、暴力行為、不登校、自殺などの現況を集計するもので、その歴史は古く、第1回は1966年度にまで遡《さかのぼ》る。

第1回は「学校ぎらい」（現在の「不登校」に相当する）に関する調査であったが、今日ではさまざまな項目が追加されている。各学校で把握された前年度の各種項目の件数や人数が、文部科学省の書式にしたがって市町村教育委員会に報告され、都道府県教育委員会をとおしてそれが文部科学省に集約される。例年秋頃に結果が発表される。

問題行動調査では子どもの暴力行為についても、件数が集約されている。そしてその「暴力行為」は、対教師暴力／生徒間暴力／対人暴力／器物損壊の四つの類型にわけられている。ここからは、たとえば前章で検討した対教師暴力の現実を、数値によって示すことができる。

だが、暴力行為の件数を理解するには、いくつかの基礎的な統計リテラシーが必要となる。そこで本書では最後に、問題行動調査のなかでも、もっとも頻繁に報じられる「いじめ」の件数を例にとって数字の読み方の留意点を示しつつ、対教師暴力をはじめとする各種問題行動のリアルに迫りたい。

まず問題行動調査において「いじめ」は、次のように定義されている。

本調査において、個々の行為が「いじめ」に当たるか否かの判断は、表面的・形式的に行うことなく、いじめられた児童生徒の立場に立って行うものとする。

「いじめ」とは、「児童生徒に対して、当該児童生徒が在籍する学校に在籍している等当該児童生徒と一定の人的関係のある他の児童生徒が行う心理的又は物理的な影響を与える行為（インターネットを通じて行われるものを含む。）であって、当該行為の対象となった児童生徒が心身の苦痛を感じているもの。」とする。なお、起こった場所は学校の内外を問わない。

この定義にもとづいて集計された２０１６年度の「いじめ」の件数は、国公私立すべての小学校・中学校・高校・特別支援学校を合わせて、計32万３８０８件に達した。調査が開始されて以来、過去最大の件数となった（この数値を含め、以下にあげる数値は２０１７年10月に発表された速報値に基づくものである）。

これを受けて、「学校のいじめ、最多の32万件　小学校で急増、16年度調査」（共同通信２０１７年10月26日）、「学校のいじめ32万件超　前年度より10万件近く増」（ＮＨＫ総合ニュース「シブ5時」２０１７年10月26日）、「学校のいじめ把握、10万件増え32万件」（「朝日新聞」東京朝刊、２０１７年10月27日付）といったように、各メディアは一斉に、その数値の大きさを報じた。

いじめの都道府県格差

問題行動調査では、都道府県別におけるいじめの件数も公表されている。ここで、一例として小学校の件数に着目してみよう。各都道府県で児童数が大きく異なるため、文部科学省の別の調査から小学校の都道府県別児童数を参照し、いじめ件数をその児童数で除して１０００人あたりのいじめ件数を算出した【図表13】。

図表13　都道府県別にみた小学校のいじめ件数

北海道	21.5件	石川県	12.6	岡山県	12.2
青森県	63.5	福井県	14.1	広島県	9.9
岩手県	73.9	山梨県	57.6	山口県	27.3
宮城県	134.0	長野県	27.2	徳島県	39.8
秋田県	40.7	岐阜県	19.1	香川県	4.4
山形県	75.3	静岡県	25.2	愛媛県	22.1
福島県	12.6	愛知県	25.2	高知県	22.0
茨城県	65.6	三重県	18.4	福岡県	11.7
栃木県	28.3	滋賀県	42.2	佐賀県	5.7
群馬県	18.8	京都府	173.0	長崎県	20.3
埼玉県	17.9	大阪府	31.7	熊本県	13.9
千葉県	79.2	兵庫県	20.1	大分県	48.7
東京都	24.0	奈良県	23.8	宮崎県	153.0
神奈川県	23.8	和歌山県	69.7	鹿児島県	43.7
新潟県	70.6	鳥取県	10.1	沖縄県	113.4
富山県	9.2	島根県	29.4	合計	36.7

※1000人あたり、2016年度

さて図表13を見て、もしあなたが子どもの立場で、どこかの都道府県に住むとするならば、あなたはどの都道府県を選ぶだろうか。くれぐれも、いじめる側ではなく、いじめられる側の目線で、いじめを回避するためにはどの地域が最善かという視点から答えを出してほしい。

私はしばしば、講演会等の場で47都道府県の数値一覧を提示して、参加者に同じような問いを出すことがある。そうすると、大多数の参加者は数値がいちばん小さい県を探す。47都道府県の一覧でいうと、4・4件で最小値をとる香川県が選ばれる。理由は言うまでもなく、「いじめが少ないから」である。

他方で、少数派ながらまったく異なる答えをもつ参加者もいる。その答えは、47都道府県のなかで最大値をとる、京都府である。

もっとも件数の大きい地域が選ばれる。その理由は、数字が大きいということは、「いじめられたときに、先生がすぐに見つけてくれる」ことを意味するからである。

私は、教員免許を有していないが、いじめをゼロにする自信がある。仮に、ある児童がクラスメイトに「死ね！」と言い放ったときには、「子どもがじゃれあっているだけだ」「そうやってお互いに強くなっていくんだ」とみなせばよい。これで、「いじめ」という問題の認識には至らず、その事案は放置される。これで、「いじめゼロ」達成である。

むしろ、「自分が受けもつクラスのなかで、一年の間にいじめを10件見つけなさい」というほうが難しい。日頃から子どもの人間関係に気を配り、子どもたちと適度なコミュニケーションをとりつづけなければならない。こうしてやっと「いじめ」が見えてくるのだ。したがって、基本的にはいじめの件数が大きい地域のほうが、学校のいじめ対応がしっかりしていると言える。

ただし、数値が高すぎると、今度は究極の監視社会にもなりかねないという考え方はありうる。京都府の場合、年間で1000人中173件であるから、40人学級だとすると年間約7件が「いじめ」と認められたということになる。私はそれが極端に多いとは思わないが、いずれにしても数値が無制限に高ければよいわけではない点には、注意が必要である。

認知件数は少ないほうが危うい

いじめというのは、学校側の対応次第でその件数は増減する。こうした数字の性質を受けて、問題行動調査ではいじめの件数は「認知件数」と表現されている。2005年度調査までは「発生件数」という表現が用いられてきたが、2006年度以降「認知件数」に改められている。

文部科学省所轄の国立教育政策研究所が不定期に発行している「生徒指導リーフ」の第11号（2013年1月刊）のタイトルは、ずばり「いじめの『認知件数』」である。「いじめに対する考え方を180度転換することを求めるものと言っても、過言ではありません」と宣言するそのリーフは、いじめの件数を「発生件数」から「認知件数」へと言い改めることについて、丁寧な解説を記している。

リーフには、「いじめという行為は、そもそも大人（第三者）の目には見えにくく、完全に発見することは不可能です。つまり、教職員が認知できた件数は、あくまでも真の発生件数（それを特定することは不可能ですが）の一部にすぎない」ことが強調されている。たしかに、47都道府県のなかで最大値173・0件（京都府）と最小値4・4件（香川県）の開きが40倍近くにもなる事態を、発生件数の差と理解するには無理がある。教育委員会や学校がいじめを発見しようとしているかどうか、その教育行政上の方針が件数の多寡としてあらわれていると見るべきである。

そしてここで重要なのが、「『認知件数』が少ない場合、教職員がいじめを見逃していたり、見過ごしていたりするのではないか、と考えるべき」であり、「『認知件数』だけを減らすよう求めるのは誤ったいじめ施策、と考えるべき」という点である。「発生件数」の場合はできるだけ少ないほうがよいが、「認知件数」の場合にはむしろ少なすぎるほうが危ういということである。

以上の話は、「いじめ」をそのまま「暴力行為」あるいはその下位カテゴリの一つである「対教師暴力」に置き換えても、同じことが言える。

問題行動調査では、「暴力行為」はこのように定義されている。

「暴力行為」を「自校の児童生徒が、故意に有形力（目に見える物理的な力）を加える行為」として調査。なお、本調査においては、当該暴力行為によってけががあるかないかといったことや、けがによる病院の診断書、被害者による警察への被害届の有無などにかかわらず、暴力行為に該当するものを全て対象とすることとしている。

この定義一つをとってみてもわかるように、「暴力行為」もまた「いじめ」と同様に、客観的な基準で確実に発見することは難しい。

さらに言えば、事案を数える側が暴力行為というものをそう捉えるかどうかも、その当事者や状況に依存している。先述したように、同じ福岡県内の対教師暴力事案であっても、私立高校のケースでは当初は校長にさえその事案は報告されず（結果的にネット上に動画が拡散して、警察に被害届が提出された）、他方で公立中学校のケースでは常人逮捕によりすぐに暴力が顕在化した。対教師暴力事案もまた、「認知件数」としての性格が強いという前提で、その件数を読み解くべきである。

いじめの件数　全国最多と最少はどう報道されたか

文部科学省が発表する「いじめ」の件数も「暴力行為」の件数も、基本的には「認知件数」とみなすべきである。「いじめ」については世間の関心が高いため、文部科学省が集計結果を発表した翌日（2017年10月27日）には、全国紙の地方版や地方紙に、各都道府県の状況が報じられる。

ここで、いじめについて小中高ならびに特別支援学校全体の児童生徒1000人あたりの件数がもっとも多かった京都府（96・8件）と、もっとも少なかった香川県（5・0件）の新聞報道を見てみよう。なお細かいことだが、先ほど図表13で示した数値は、小学生1000人あたりの件数であり、文部科学省が発表した数値をもとに、筆者が算出したものである。他方でマスコミが取り扱う数値は小中高ならびに特別支援学校全体における1000人あたりの件数であり、文部科学省が発表した数値そのものである。

まずは、全国で最大値をとった京都府に関する報道の例である。

文部科学省が26日発表した2016年度の児童生徒の問題行動・不登校等調査で、

府内（国公私立校）の小、中、高校、特別支援学校でのいじめの認知件数は2万6775件（前年度比1120件増）となった。1000人当たりの認知件数は96・8件（同4・8件増）で4年連続全国最多。府教委は「どのレベルまで統計に出すかという判断の違いもある。京都では、小さな問題でも拾い上げてしっかり対処しているという対応の現れ」としている。

（「毎日新聞」京都版、2017年10月27日付）

京都府教育委員会によると、京都府が4年連続で全国最多となったのは、「小さな問題でも拾い上げてしっかり対処している」からであるという。まさに、いじめの件数が「認知」であることを踏まえたコメントである。

次に、最小値をとった香川県に関する報道の例である。

文部科学省が26日公表した2016年度の児童生徒の問題行動調査。県内の公立小・中・高校、特別支援学校におけるいじめの認知件数は463件と前年度より21件増加したものの、1000人当たりの認知件数は5・0件（全国平均23・9件）で全

国最少となった。全国最多は京都府の96・8件だった。（略）

県教委は09年から、児童生徒がいじめ撲滅に向けて話し合う「いじめゼロ子どもサミット」を開催、毎年11月の「いじめゼロ強調月間」に、児童らが集会や劇を通じて、いじめについて考える機会を設けている。

県教委は「未然防止の様々な取り組みが浸透してきたが、些細ないさかいやけんかが重大事態に発展する恐れもあり、今後も取り組みを継続していく」としている。

（「読売新聞」大阪朝刊、２０１７年10月27日付）

香川県教育委員会によると、全国で最少となったのは、いじめ撲滅の取り組みなど「未然防止の様々な取り組みが浸透してきた」ことの成果であり、今後もそれを継続していくという。

「いじめゼロ」と「いじめ見逃しゼロ」

いじめ件数の報道で興味深いのは、最大の京都府も最少の香川県も、各教育委員会としては、いじめ対策に積極的に取り組んだから、１０００人あたりの件数が最大／最少になったと考えている点だ。たしかに、京都府教委が主張するように、ささいなことでも拾い上げようとすれば件数は増えるし、香川県教委がいうように未然防止を徹底すれば、件数は減ることもあるだろう。

だが気がかりなのは、香川県では「いじめゼロ子どもサミット」「いじめゼロ強調月間」というように、県の取り組みとして、「いじめゼロ」のスローガンを掲げている点だ。すでに述べたように、私はもし自分が教員として学級を担当するならば、その学級のいじめ件数をゼロにする自信がある。見て見ぬふりをしたり、「取るに足りないケンカだ」とみなしたりすれば、「いじめ」としてはカウントされない。

その意味では逆に、いじめを確実に見つけ出すことのほうが難しいとさえ言える。子どもの人間関係に目を光らせる必要があるからだ。今日、各自治体でも「いじめゼロ」ではなく、「いじめ見逃しゼロ」を掲げるところもある。「いじめゼロ」の目標は、容易にいじめを隠すことになってしまう。むしろ積極的に認知しようとする、すなわち見逃さないようにすることが重要なのである。

なお補足までに、香川県教委は、全国最少となったことをけっして賛美しているわけではない。別の記事では、いじめを認知することの重要性を次のように訴えている——「最多だった京都とは約19倍の開きがあり、県教委は『全国で大きな割合を占める小学低・中学年の件数が少なく、認知が漏れている可能性もある。重大事案を防ぐため、積極的な掘り起こしと早期の把握・対応に努めたい』としている」(「四国新聞」2017年10月27日付)。

このように、いじめは世間の関心が高いだけあって、マスコミも各教育委員会も、その数値の読み方はそれなりに慎重である。ところが、次に示すとおり、暴力行為についてはそうした慎重さがほとんど見受けられない。

2．知られざる教師の暴力被害件数

暴力行為の数値は「発生件数」扱い

文部科学省の「問題行動調査」において、いじめの件数は2006年度以降、「発生件数」から「認知件数」に言い改められている。当初はその意図があまり理解されていない報道も目立ったが、今日ではずいぶんと理解が浸透してきているように見える。

だが、対教師暴力を含む暴力行為(具体的には「対教師暴力」「生徒間暴力」「対人暴力」

「器物損壊」の4類型をまとめたもの）については、いまも「発生件数」と表記されたままである。

暴力行為の件数に関する報道は、いじめに比べて極端に少ないものの、たとえば、京都府の状況は次のように報じられている。

府内のいじめの認知件数は、11年に大津市で起きた中学生のいじめ自殺問題後に増加。その後、府教委は相手が嫌な思いをしたと訴えればいじめと位置付けるとの厳格な基準を定めて報告を求めるようにしたため、件数が大幅に増えたという。

暴力行為の発生件数は微増の2096件。児童生徒1000人あたりでは7・7件(全国平均4・4件)と、全国ワースト5位だった。中学校や高校が減少する一方で、小学校が前年度比206件増の859件。感情のコントロールができず、同じ児童が繰り返し暴力行為を起こす傾向があるという。

（「読売新聞」大阪朝刊、2017年10月27日付）

「相手が嫌な思いをしたと訴えればいじめと位置付けるとの厳格な基準を定めて報告を求

めるようにしたため、件数が大幅に増えた」と、いじめの件数が増えるカラクリが指摘されている。それにもかかわらず、その次の文章では、「暴力行為の発生件数は微増の2096件。児童生徒1000人あたりでは7・7件（全国平均4・4件）と、全国ワースト5位」と表現されている。

すなわち、数値が大きいことが「ワースト」と評価されたのだ。これは多くの報道に共通する見解であり、けっして一社のみがそう捉えているということではない。

さらには、暴力行為に関する同じ数値をめぐっても、その報道内容に混乱がみられる。たとえば小中高ならびに特別支援学校における1000人あたりの件数が全国最多となった島根県について、次のような相対立する説明が報じられている。

県内の公立小中高校で発生した暴力行為は796件となり、前年度比280件（54・3％）の大幅増となった。県教委は「件数の大幅な増加は、ささいなことでも認知した結果」と説明している。

（「中国新聞」島根版朝刊、2017年10月27日付）

県教委は県の1000人あたりの暴力件数が全国最多だったのは小学校低学年で増加しているためと説明。「感情のコントロールが出来なかったり、人付き合いが苦手だったりする児童が増えている」と分析する。

（「読売新聞」大阪朝刊、2017年10月27日付）

件数が多かったことについて教育委員会は、前者の記事では、しっかりと見つけようとした結果と主張し、後者では小学校低学年の子どもに何らかの問題があると主張している。相矛盾するかにも思える報道が通用してしまうところに、「問題行動」を議論することの難しさが見えてくる。

対教師暴力の都道府県格差

このように「暴力行為」は、行動レベルあるいは客観的レベルでは発生しているとしても、それがどう解釈され、どれほど外の視線にさらされるかは、その集団が置かれた状況に大きく依存する。

話題を、学校管理下における対教師暴力に戻そう。文部科学省の「問題行動調査」では、

「暴力行為」の下位カテゴリの一つに「対教師暴力」があり、その都道府県別件数が掲載されている。先ほど、いじめの件数を例にして、その都道府県格差の大きさを指摘した。いじめだけでなく対教師暴力においても、その認知件数は、学校や自治体の取り組み次第で大きく変動する。

なお細かいことだが、文部科学省が発表する1000人あたりの「いじめ」の件数は、小中高と特別支援学校全体の数値であるが、「暴力行為」については、学校種別ごとに1000人あたりの件数が公表されている。

47都道府県の中学校における対教師暴力の認知件数（生徒1000人あたり）を見てみると、もっとも多いのは大阪府で4・0件である。次いで、滋賀県の3・3件、香川県の2・9件とつづく。

逆にもっとも少ないのは福井県で、件数は0（ゼロ）である。これは生徒1000人あたりを算出するにあたって小数点以下を四捨五入した結果そうなったということではなく、もともとの件数が0件と報告されているのである。次に少ないのは山形県で、これも1000人あたりで0件である。ただしこれは四捨五入の結果である。そうはいっても、もともとの件数も1件にとどまっている。その次に少ないのは、秋田県、福島県、愛媛県で、いずれも0・1件にて同率である【図表14】。

対教師暴力というと中学校にとりわけ多いという印象をもつだろう。だが近年の動向についていうと、小学校の認知件数の増加が目立っている。2016年度では、小学校と中学校における全国の件数は同数に近く、小学校が3628件、中学校が3891件である。小学校は6学年で中学校は3学年と、子どもの数が倍ほどちがうため1000人あたりにすると、小学校は0・6件、中学校は1・1件である。

小学校における児童1000人あたりの最大値は島根県の1・8件で、最小値は福井県と愛媛県の0件（もともとの件数が0件）である。中学校では突出して最大値をとった大阪府は、小学校の1000人あたりでは0・9件と、降順で数えて10番目である【図表14】。

また、全国で年間503件が認知された高校では、1000人あたりの最大値は滋賀県の0・5件で、最小値は徳島県の0件（もともとの件数が0件）である。

小中高ともに1000人あたりの最小値が0件であるため、もはや最大値と最小値の差を倍数で表現することはできない。しかし、最大値がそれなりの値を示しているところから、ひとまず都道府県の格差はかなり大きいと理解すべきである。

図表14　小学校・中学校における対教師暴力の件数

【小学校】

北海道	0.6件	石川県	0.2	岡山県	1.0
青森県	0.6	福井県	0	広島県	0.6
岩手県	1.4	山梨県	0.3	山口県	0.5
宮城県	0.9	長野県	0.1	徳島県	0.7
秋田県	0.1	岐阜県	1.1	香川県	0.1
山形県	0.1	静岡県	0.4	愛媛県	0
福島県	0.6	愛知県	0.5	高知県	1.1
茨城県	0.7	三重県	0.8	福岡県	0.2
栃木県	1.1	滋賀県	0.8	佐賀県	0.1
群馬県	0.2	京都府	0.7	長崎県	0.2
埼玉県	0.3	大阪府	0.9	熊本県	0
千葉県	0.4	兵庫県	0.4	大分県	0.1
東京都	0.3	奈良県	0.2	宮崎県	0.1
神奈川県	1.3	和歌山県	0.6	鹿児島県	0
新潟県	1.4	鳥取県	0.7	沖縄県	0.8
富山県	0.2	島根県	1.8	合計	0.6

【中学校】

北海道	0.3件	石川県	0.9	岡山県	2.0
青森県	0.6	福井県	0	広島県	1.1
岩手県	0.3	山梨県	1.7	山口県	2.1
宮城県	0.9	長野県	0.2	徳島県	1.0
秋田県	0.1	岐阜県	1.3	香川県	2.9
山形県	0	静岡県	1.6	愛媛県	0.1
福島県	0.1	愛知県	0.8	高知県	0.9
茨城県	1.3	三重県	0.9	福岡県	0.9
栃木県	1.0	滋賀県	3.3	佐賀県	1.4
群馬県	0.3	京都府	1.8	長崎県	0.8
埼玉県	0.2	大阪府	4.0	熊本県	0.7
千葉県	1.6	兵庫県	0.9	大分県	0.7
東京都	0.6	奈良県	1.1	宮崎県	0.5
神奈川県	1.2	和歌山県	1.3	鹿児島県	0.3
新潟県	0.7	鳥取県	2.0	沖縄県	1.3
富山県	0.4	島根県	2.3	合計	1.1

対教師暴力といじめとのちがい

さらに分析を進めて、対教師暴力の都道府県格差と、いじめのそれとどちらが大きいのかについて調べてみよう。

対教師暴力といじめは、件数の規模がまったく異なっている。中学校については、対教師暴力が全国で3891件（1000人あたり1・1件）であるのに対して、いじめは7万1309件（1000人あたり20・9件）である。18倍もの開きがある。このようにまったく規模が異なっている対象の場合、都道府県の格差は、「変動係数」という数値によって示すことが適当である。

変動係数というのは、標準偏差を平均値で除した値のことである。値が大きいほど、格差が大きいことを示す。一般に、集団のばらつき度を知りたいときには、標準偏差を算出すれば十分である。だが標準偏差は、対象とする数値の規模によって、その大小が左右されてしまう。そこで規模を統一するために、平均値で除するという方法をとるのだ。

ここで変動係数の算出結果を見てみると、対教師暴力の場合、小学校が0・81、中学校が0・79、高校が0・66、いじめの場合、小学校が0・93、中学校が0・56、高校が0・

70となる。まず共通点として、対教師暴力もいじめも、都道府県格差は小学校でもっとも大きいことがわかる。相違点としては、中学校の対教師暴力の値は小学校のそれと同程度に大きく、また中学校のいじめと比較した場合は、わりと大きな開きが認められる。

いじめの都道府県格差については、報道でしばしば話題になる。たとえば2016年度の状況は、「いじめ認知　都道府県格差19倍に縮小」（「産経新聞」大阪朝刊、2017年10月27日付）と新聞の見出しにあがるほどである。その一方で、対教師暴力の都道府県格差が注目されることはまったくない。話題になるとすれば、対教師暴力にくわえ、生徒間暴力、対人暴力、器物損壊を合わせた「暴力行為」（全体）の件数が、小学校で増加していることくらいである。都道府県の格差にまでは目が向いていない。

いじめも対教師暴力（を含む「暴力行為」全体）も、学校生活の安全・安心を考えるうえでは重大なテーマである。その都道府県格差が大きいということは、それだけ自治体によって対応に差があるということである。ある自治体では、対教師暴力は敏感に認知されて「見える化」し、別の自治体ではそれが「消える化」する。見過ごしてはならない状況である。

おわりに　教育を語るために教育から抜け出る

ハラスメントを論じようとするとき、本人も気づかないうちに、特定の立場に対して、被害／加害、善／悪といった判断を最初から割り振っていることが多々ある。

つねに教師が加害者で子どもが被害者という見方は、一面的すぎる。学校管理下におけるハラスメントでは、子どもと教師にくわえて、保護者や地域住民など多様なアクターが想定され、またそこで生じるハラスメントの矢印もけっして一方向には限られない。

そうした視座の確立を妨げる最大のハードルが、「教育」という枠組みであった。

教師が外界からすぐにバッシングされるのは、教師は崇高で立派な存在であり、だから子どもをまっとうに教育するはずだということが前提とされているからである。

教師から生徒への身体的暴力の問題性が学校文化のなかで過小評価されてしまうのも、それが教育の一環としてみなされうるからである。また、生徒から教師への暴力が起きても、教師が被害届を出さない（つまり、ほとんど表沙汰にならない）ことも、学校文化においてはそれが教師の指導力の欠如によるものと理解されるからである。学校管理下では、「教育」という枠組みのなかで、ハラスメントが「消える化」していく。

その意味でいうと本書は、「教育のリアルを描き出すために、教育という枠組みから抜け出ようとする試み」であったと表現できる。

ある食事会の席で、私の調査・啓発活動について興味をもってくださっている先生が、私にこう尋ねてきた。「教員から学校現場の課題を聴き取ったりするとき、内田先生は、ある程度、『これが問題だ』と目星を付けてから、話を聴くのですか？」と。

一般にインタビューにおいては、仮説的にぼんやりと想定していたことが、話を聴いて明確になることもあれば、仮説とはまるで逆の意見に出合うこともある。また、仮説とはまるで別種の新しい発見に至ることもある。

私個人の経験でいうと、「やっぱり、そうだったか！」と、仮説が明確化するよりは、「そんなことは考えていなかった！」と、仮説とは逆の意見を得たり、あるいは別種の発見にたどり着くことのほうが圧倒的に多い。

私個人においては、インタビュー実施前の仮説というのは、多くの場合、裏切られる。

だが、むしろそれでよいのだ。

想定していたとおりのことばかりに出合っていては、もはやインタビューのために出かける意義は、ほとんどない。答えはすでに自分の頭の中にあるのだから、それで十分である。

自分が思い描いていた仮説が裏切られるからこそ、話を聴く意義がある。自分が常識的に考えていたことの外側を知ることができるところに、調査の魅力がある。

私にとって、本書で取り上げたさまざまなハラスメントへの関心は、ほとんどの場合、具体的な事例を見聞きした瞬間から始まっている。もとはといえば多くのことが、自分の頭のなかでは想像できなかったことばかりだ。だからこそ、さらに調べを進めて、世の中にそのハラスメントの存在を知らしめるべきと、いまこうして筆を執っている。

その意味で、本書は、ハラスメント当事者の苦悩とその声なしには誕生し得なかった作品である。

私は、臨床の現場にいるわけではないから、直接にハラスメントの解決に資することはできない。赤の他人に個人的な経験を話すことには、多大なリスクがともなうはずだ。それにもかかわらず、当事者の皆さんは、自身に起きた出来事を私に伝えてくださった。当事者の皆さん、そして仲介の労をとってくださった関係者の皆さんには、この場を借りて、心よりお礼申し上げたい。

なお本書は、朝日新聞出版の月刊誌「一冊の本」の連載原稿をまとめたものである。2017年1月号から2018年12月号まで24カ月にわたって編集作業にたずさわってくださり、さらには本書の出版においても編集を担当してくださった、朝日新聞出版書籍編集部の松尾信吾さんにもお礼を申し上げねばならない。都内の喫茶店で「タイトルは『学校ハラスメント』でいきましょう!」と意気投合してから、ずいぶんとお待たせしてしまったが、お陰様でひとまず出版という大事な節目を迎えることができた。

ただ、本が出版されるだけでは世の中は何も変わらない。読んでもらえるように努力しなければならない。学校ハラスメントの課題解決は、これから先が本番だ。

本書を締めくくるにあたって、最後に次のことを肝に銘じておきたい。

ある何かについて語るということは、それとは別の何かについて語らないということである。

本書が仮に、ハラスメントの新たな現実を読者の皆さんに指し示し得たとしよう。しかし、本書の紙幅や、私のもとに入ってくる情報には、制約がある。いくつか特定のハラスメントを取り上げれば、それ以外のハラスメントを取り上げないことになる。もっと残酷に表現すれば、本書で取り上げなかったハラスメントについては、いま私はそれを無視しているということである。

新しい知見にたどりついたとして、けっしてそれに満足してはならない。新しい知見のその外側には、声なき声がいまも埋もれている。

内田　良

2019年2月

内田　良 うちだ・りょう

名古屋大学大学院教育発達科学研究科准教授。博士(教育学)。専門は教育社会学。組み体操や柔道をはじめとする各種スポーツ事故、「体罰」、自殺、2分の1成人式など子ども側のリスクにくわえて、部活動負担や長時間労働など教師側のリスクまでを広く「学校リスク」と総称して情報を発信し、問題の火付け役としても貢献している。「ヤフーオーサーアワード2015」受賞。ウェブサイト「学校リスク研究所(http://www.dadala.net/)」を運営し、最新記事をYahoo! ニュース「リスク・リポート(https://news.yahoo.co.jp/byline/ryouchida/)」にて発信している。著書に『「児童虐待」へのまなざし』(世界思想社、日本教育社会学会奨励賞受賞)、『柔道事故』(河出書房新社)、『教育という病』(光文社新書)、『ブラック部活動』(東洋館出版社)などがある。

＜連絡先＞

Eメールアドレス　dada@dadala.net

Twitterアカウント　@RyoUchida_RIRIS

Facebookアカウント　ryo.uchida.167

朝日新書
709

学校《がっこう》ハラスメント

暴力・セクハラ・部活動—なぜ教育は「行き過ぎる」か

2019年３月30日第１刷発行

著　者　内田　良

発行者　須田　剛
カバーデザイン　アンスガー・フォルマー　田嶋佳子
印刷所　凸版印刷株式会社
発行所　朝日新聞出版
〒104-8011　東京都中央区築地5-3-2
電話　03-5541-8832（編集）
　　　03-5540-7793（販売）

Published in Japan by Asahi Shimbun Publications Inc.
ISBN 978-4-02-295012-3
定価はカバーに表示してあります。

朝日新書

学校ハラスメント
暴力・セクハラ・部活動――なぜ教育は「行き過ぎる」か

内田 良

いじめ、体罰、セクハラ、組み体操、部活動……なぜ学校では問題が「隠れる化」するのか。そして教育の現場で起きる問題は教師だけが悪いのか。気鋭の教育社会学者が、学校を取り巻くさまざまな「ハラスメント」の実態を明らかにするとともに、その解決策を探る。

地方大学再生
生き残る大学の条件

小川 洋

崩壊する私大、崖っぷちの国公立大……限界〝地方〟大学、サバイバルの現場をリポート！　定員割れする私大が激増し、国公立大も全入化がはじまっている。一方で、危機を脱し、V字回復する大学も。その違いを照射し、これからの大学教育と地方社会のあり方を提示する。

リベラルは死なない
将来不安を解決する設計図

井手英策／編

選挙のたびにリベラルは劣勢を余儀なくされる。だが、新自由主義が吹き荒れたこの国は今、利己的で孤立した「人間の群れ」に変わり、将来不安におびえている。だからこそ「誰も切り捨てない」「弱者をつくらない」社会保障の仕組みがいる。超党派による本気の提言！